Liebe Viviana,

Ganz großen Dank für deine engagierte Mitarbeit in unserem JSWD-Team. Wir wünschen dir für deine Zukunft alles Gute

10/01/24

Öffentliche Bauten.
Orientierung. Schutz. Identität.

Die Deutsche Nationalbibliothek verzeichnet diese Publikation in der Deutschen Nationalbibliografie; detaillierte bibliografische Daten sind im Internet unter *http://dnd.d-nb.de* abrufbar.

Herausgeber
Dennis Krause

Text
Fiona Dummann
Dennis Krause
Anneke Lubkowitz
Lena Meyer

Layout und Gestaltung
Darja Batschinin
Dennis Krause
Fiona Dummann
Louisa Steigerwald
Fenna Tinnefeld

Druck
GRASPO CZ, A.S.
Pod Šternberkem 324
763 02 Zlín / Czech Republic

Cover
Beer Bembé Dellinger Architekten und Stadtplaner GmbH
Erweiterung Landratsamt Tuttlingen
Fotografie: Stefan Müller-Naumann

ISBN 978-3-946154-72-3
1. Auflage 2023

Dieses Werk ist urheberrechtlich geschützt.
Alle Rechte vorbehalten, einschließlich das auszugsweisen Abdrucks, der Übersetzung, Verbreitung und Vervielfältigung. Die Reproduktion auch von Teilen des Werkes in irgendeiner Form (fotomechanische Wiedergabe, Mikrofilm und anderen Verfahren wie digitale / elektronische Verbreitung) darf nicht ohne schriftliche Genehmigung vorgenommen werden.
Die Nennung der Quellen und UrheberInnen erfolgt nach besten Wissen und Gewissen. Das Urheberrecht für alle Fotografien und Pläne liegt bei den jeweiligen Architekten, Fotografen, Planern oder Unternehmen.

Deutscher Architektur Verlag
Sauerländer Weg 2a
48145 Münster

www.deutscher-architektur-verlag.de
info@deutscher-architektur-verlag.de

Öffentliche Bauten.
Orientierung. Schutz. Identität.

Öffentliche Bauten.

Edition 1:100

Inhalt

006 — **Einleitung**

K.1 Mobilität & Organisation

014 — **Bundesministerium des Innern und für Heimat**
Thomas Müller Ivan Reimann Gesellschaft von Architekten mbH

020 — **Bahnhof und Ankunftshalle St. Gallen**
Giuliani Hönger Architekten

026 — **Erweiterung Landratsamt Tuttlingen**
Beer Bembé Dellinger Architekten und Stadtplaner GmbH

032 — **B&O Holzparkhaus, Bad Aibling**
HK Architekten

038 — **Justizzentrum Leipzig**
kister scheithauer gross architekten und stadtplaner

044 — **Bahnhof Neulengbach**
mohr niklas architekten

050 — **Prozessgebäude für das Oberlandesgericht Stuttgart-Stammheim**
Thomas Müller Ivan Reimann Gesellschaft von Architekten mbH

056 — **Landratsamt Garmisch-Partenkirchen**
Schwinde Architekten Partnerschaft & Aichner Kazzer Architekten PartGmbB

062 — **Falginjochbahn**
Baumschlager Hutter Partners

068 — **Dorfzentrum Münster**
DIN A4 Architektur

074 — **Erweiterung Landratsamt Starnberg**
Auer Weber

080 — **Haupt- und Busbahnhof Wuppertal**
JSWD Architekten

086 — **Rathaus Sinzing**
Blasch Architekten Regensburg

092 — **Rathaus Oberndorf**
MEGATABS architekten

098 — **BÜRGERZENTRUM BÖHEIMKIRCHEN**
NMPB Architekten

104 — **Erneuerung Westflügel Bahnhof Basel SBB**
Roost &
Menzi Bürgler

K.2 Schutz & Versorgung

112 — **KLINIK FLORIDSDORF**
Albert Wimmer ZT-Gmbh

118 — **C2C Feuerwehrhaus Straubenhardt**
wulf architekten

124 — **Polizeirevier Schwäbisch Hall**
BGF + Architekten

130 — **Feuerwehr Hohenweiler**
Heike Schlauch raumhochrosen

136 — **Alexius / Josef Krankenhaus Neuss - Zentrum für Seelische Gesundheit**
alsh sander.hofrichter architekten

142 — **Feuerwehrhaus Zandt**
Schnabel + Partner Architekten

148 — **Forstbetriebshof Curtius Duisburg Stadtwald**
HAYNER SALGERT ARCHITEKTEN

154 — **Feuerwache und Polizeiposten in Göppingen-Jebenhausen**
Gaus und Knödler Architekten PartGmbB (seit 2019 Gaus Architekten)

160 ___ **Kriminalabteilung Stadtpolizei Zürich**
Penzel Valier AG

166 ___ **Wichernkrankenhaus im Evangelischen Johannesstift Berlin**
huber staudt architekten bda

172 ___ **Feuerwehrhaus Kaarst-Büttgen**
thelenarchitekten

178 ___ **Fernheizwerk Orbe**
MAK architecture

184 ___ **Feuerwehrhaus in Tübingen-Lustnau**
Gaus Architekten

190 ___ **Feuer- und Rettungswache 21**
KÖLLING ARCHITEKTEN BDA

196 ___ **Diakonie-Hospiz Woltersdorf**
Büro Legiehn Architektur GmbH

202 ___ **Feuerwehrhaus in Bad Boll**
Gaus und Knödler Architekten PartGmbB (seit 2019 Gaus Architekten)

K.3 Identität & Gemeinschaft

210 ___ **Kulturzentrum Morges**
MAK architecture

216 ___ **Inselhalle Lindau**
Auer Weber

222 ___ **PARACELSUS BAD & KURHAUS**
Berger+Parkkinen Architekten

228 ___ **Bibliothek Hochschule in Nürtingen**
Knoche Architekten Partnerschaft

234 ___ **HAMMERscheune Niederlamitz, Kirchenlamitz**
Kuchenreuther Architekten / Stadtplaner

240 ___ **Jugendhaus Murr**
D'Inka Scheible Hoffmann Lewald Architekten Partnerschaft mbB

246 ___ **Schlossbad Neumarkt i. d. Opf.**
Diezinger Architekten

252 ___ **Ausbau der Trinitatiskirchruine Dresden zur Jugendkirche**
CODE UNIQUE Architekten GmbH

258 ___ **Sporthalle Brombach**
Glück + Partner GmbH

264 ___ **Sanierung und Erweiterung Mehrzweckhalle & »Grüne Mitte« Massenbachhausen**
KUBUS360 &
Büro Hink Landschaftsarchitektur GmbH

270 ___ **Ötztal Tourismus**
obermoser + partner architekten

276 ___ **Gemeindezentrum Evangelische Kirchengemeinde Düsseldorf-Mitte**
thelenarchitekten

282 ___ **Mensa und Mediathek des Berufsschulzentrums Nord Darmstadt**
wulf architekten

289 ___ **Index**

Einleitung

Dieses Buch ist sowohl ein Überblick als auch eine Liebeserklärung an jene Bauten, die das soziale und technische Rückgrat unserer Städte und Gemeinden bilden. Von Polizeirevieren über Gesundheitszentren bis hin zu Gemeindehäusern: Öffentliche Gebäude definieren und formen die Qualität unseres Wohnorts. Sie spiegeln den Charakter unserer Gemeinschaft wider und tragen zur Belebung unserer Städte und Dörfer bei.

Wie die örtliche Grundschule oder Bibliothek sind Sporthallen, Schwimmbäder und Rathäuser Orte, die uns prägen. Als wichtiger Teil unseres Alltags erfüllen sie eine Vielzahl von Aufgaben, von der Befriedigung individueller Bedürfnisse bis hin zur Wahrung des gesellschaftlichen Zusammenhalts. Die in diesem Buch vorgestellten Projekte bieten eine Vielzahl von Gestaltungsmöglichkeiten und funktionalen Lösungen für die architektonischen Herausforderungen, die sich in der modernen Stadtplanung und im Entwurf von öffentlichen Gebäuden stellen.

Obwohl der Fokus bei der Architektur öffentlicher Gebäude auf Funktionalität und Effizienz liegt, dürfen wir die kulturelle und identitätsstiftende Rolle, die sie spielen, nicht übersehen. Öffentliche Gebäude sind weithin sichtbare Symbole unserer Städte und Gemeinden. Sie bieten nicht nur praktische Dienstleistungen an, sondern verleihen dem urbanen Raum auch Struktur und Identität. Ihre Ästhetik, ihre Gestaltung und die Art und Weise, wie sie sich in die umgebende Landschaft einfügen, tragen entscheidend dazu bei, wie wir unsere Gemeinden wahrnehmen und erleben.

»Baust Du einen Weg, ein Haus, ein Quartier, dann denke an die Stadt!« – Diese Aussage Luigi Snozzis trifft auf öffentliche Bauten in besonderem Maße zu. Ein respektvoller Umgang mit der Umgebung und dem Bestand ist daher von entscheidender Bedeutung. Gebäude sind nie ausschließlich funktional, sie sind immer auch ein Ausdruck von Identität und Geschichte. Ein bemerkenswertes Beispiel hierfür ist die »Feuer- und Rettungswache 21« in Frankfurt am Main, entworfen von *Kölling Architekten BDA*. Mit ihrer Fassadengestaltung erinnert sie an die römische Siedlung, die sich vor Hunderten von Jahren an ihrer Stelle befand.

Doch Gebäude können nicht nur Geschichten erzählen, sondern auch zur Verbesserung der Gesundheit beitragen. Das »Alexius / Josef Krankenhaus Neuss – Zentrum für Seelische Gesundheit«, gestaltet von *alsh sander.hofrichter architekten,* zeigt, wie »healing architecture« die Umgebung von PatientInnen positiv beeinflussen kann. Mit seiner einzigartigen Architektur stellt es eine harmonische und heilende Umgebung bereit, die das Wohlergehen von PatientInnen und ihren Angehörigen fördert.

Ein weiterer spannender Ansatz ist die Umnutzung bestehender Gebäude mit historischem Charakter. Ein Beispiel dafür ist die »Jugendkirche«, die CODE UNIQUE Architekten inmitten der Trinitatiskirchruine in Dresden errichtet haben. Mit modernen Mitteln wurde dem Ort neues Leben eingehaucht und ein zeitgemäßer Raum für Gemeinschaft und Spiritualität geschaffen.

Im Bereich öffentlicher Bauten spielen Gemeindezentren und Rathäuser als Schnittstelle zwischen BürgerInnen und Verwaltung eine besondere Rolle. Sie sind Orte der Begegnung und des Austauschs auf Augenhöhe. Das »Bürgerzentrum Böheimkirchen«, gestaltet von NMPB Architekten, ist ein leuchtendes Beispiel für ein Gebäude, das diese Ideale verkörpert. Mit seiner einladenden und wertigen Gestaltung fördert es den Dialog und die Partizipation der BürgerInnen.

01 »Feuer- und Rettungswache 21« von Kölling Architekten

Ein beachtenswertes Beispiel dafür, dass Architektur selbst in der Umsetzung grauer Infrastruktur von gestalterischen Freiräumen profitiert, ist das »Fernheizwerk Orbe«. Konzipiert von *MAK architecture*, erlaubt das Gebäude mit Fenstern Einblicke in Energieversorgungsprozesse und veranschaulicht damit, wie Architektur aufklären und dazu ermutigen kann, uns bewusster mit unserer Umwelt auseinanderzusetzen.

Diese Beispiele machen deutlich, dass öffentliche Bauten mehr sein können als funktionale Container. Sie können unsere Beziehung zur Umwelt prägen und verbessern sowie eine nachhaltigere, gesündere und engagiertere Gesellschaft fördern. Die zentrale Rolle und Verantwortung, die Architektur hier in besonderem Maße zukommt, zeigt sich nicht zuletzt in der wiederkehrenden Präsenz von Themen wie Zugänglichkeit für unterschiedliche Personengruppen, Nachhaltigkeit und eine enge Abstimmung mit zukünftigen NutzerInnen und AnwohnerInnen in der Planung. Öffentliches Bauen heißt immer auch, den öffentlichen Raum zu gestalten, in dem Menschen sich begegnen,

02 »Alexius / Josef Krankenhaus Neuss – Zentrum für Seelische Gesundheit« von *a|sh sander.hofrichter architekten*

03 »Ausbau der Trinitatiskirchruine Dresden zur Jugendkirche« von *CODE UNIQUE Architekten GmbH*

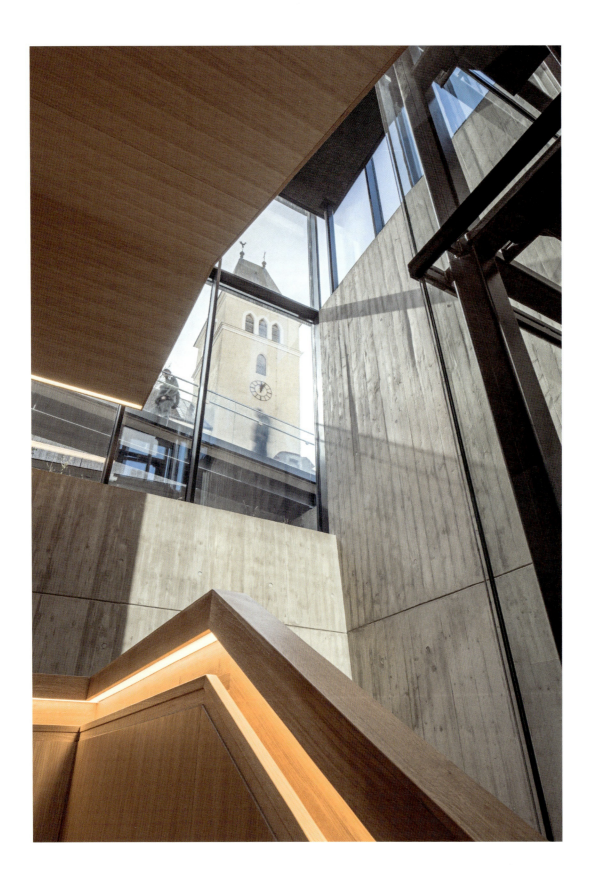

04 »BÜRGERZENTRUM BÖHEIMKIRCHEN« von *NMPB Architekten*

Unterschiede aufeinanderprallen und Ansprüche verhandelt werden. Im besten Fall kann Architektur dazu beitragen, ganz wortwörtlich einen »Common Ground« zu finden.

In diesem Kompendium werden 45 Projekte vorgestellt, die ein breites Spektrum an architektonischen Stilen, Funktionen und Kontexten repräsentieren. Es zeigt sowohl den aktuellen Stand der Architektur öffentlicher Bauten als auch die zukünftigen Möglichkeiten auf. Diese Auswahl zeigt eindrucksvoll, wie sich eine funktionale Relevanz mit hoher gestalterischer Qualität verbinden lässt.

Dieses Buch ist mehr als nur ein Katalog von Bauprojekten. Es ist eine Einladung zum Nachdenken über die Rolle, die Architektur in unserem täglichen Leben spielt. Es ist eine Aufforderung, die Schönheit und Vielfalt der öffentlichen Architektur in unseren Städten und Gemeinden neu zu entdecken.

05 »Fernheizwerk Orbe« von *MAK architecture*

K.1 Mobilität & Organisation

Das gesellschaftliche Zusammenleben wird räumlich strukturiert von Knotenpunkten der Mobilität und Organisation. Bahnhöfe, Rathäuser und Landratsämter sind üblicherweise im Stadt- oder Ortsbild hervorgehoben und dienen der jeweiligen Gemeinde als Orientierungspunkt und Identitätsmarker. Die hier gezeigten modernen Architekturprojekte stellen außerdem die Bedürfnisse der NutzerInnen in den Vordergrund: Dazu gehören gute Orientierung, kurze, barrierefreie Wege und hohe Aufenthaltsqualität in Wartebereichen. Mit der Gestaltung dieser Gebäude leistet die Architektur einen wichtigen Beitrag für eine offene, zugängliche Verwaltung und stärkt das Vertrauen der BürgerInnen in Institutionen und Infrastruktur. Auf diese Weise entstehen neue Ortszentren und Begegnungsräume, die Austausch fördern und den alltäglichen Behördengang oder Pendelweg zum Erlebnis machen.

Bundesministerium des Innern und für Heimat

Thomas Müller Ivan Reimann Gesellschaft von Architekten mbH

2015

Architektur **Thomas Müller Ivan Reimann Gesellschaft von Architekten mbH (LP 1 - 5) + gmp Generalplanungsgesellschaft mbH (LP 6 - 9)** Baujahr **2015** Fläche **75.000 m² BGF** Bauherr **Bundesanstalt für Immobilienaufgaben** Standort **Alt-Moabit 141, 10557 Berlin** Projektmanagement **Bundesamt für Bauwesen und Raumordnung** Projektsteuerung **SMV Bauprojektsteuerung Ingenieurgesellschaft mbH** Tragwerksplanung **GSE Ingenieurgesellschaft mbH** HLS + GA **gmp Generalplanungsgesellschaft mbH** Elektro **Ingenieurbüro Rathenow BPS GmbH** IT + TK + Medien- + Sicherheitstechnik **Obermeyer Planen und Beraten GmbH** Bauphysik **MF Dr. Flohrer Beratende Ingenieure GmbH** Akustik **Müller-BBM GmbH** Brandschutz **Kempen Krause Ingenieurgesellschaft bR** Fassadenplanung **a..t..f Petar Reich Martina Walpi GbR** Lichtplanung **LichtVision GmbH** Farbgestaltung **Friederike Tebbe Studio Farbarchiv** Vermessung **Ingenieurgemeinschaft Vermessung Moabiter Werder Berlin GbR** Geothermie **H. S. W. Ingenieurbüro** Freianlagenplanung **Vogt Landschaft GmbH + Simons & Hinze GbR** Fotografie **Stefan Müller**

Als beeindruckender Neubau für 1.400 Mitarbeitende liegt das Bundesinnenministerium in Berlin im Zentrum des neuen Regierungsviertels, dem Spreebogen. Das »Band des Bundes« verbindet als Ost-West-Spange Moabit mit dem historischen Stadtkern. Die prägnante Grundrissform und die Staffelung der Gebäudevolumina des Ministeriums antworten auf den unregelmäßigen Grundstückszuschnitt, die Bewegung der Stadtbahn und die anliegenden Stadträume. Die klare, kraftvolle Volumetrie gliedert sich in einen Sockel und drei stufenartig von vier auf acht Bürogeschosse ansteigende Gebäudespangen. Die Fassade besteht aus hellbeigem fränkischen Jura-Kalkstein, der sich harmonisch mit dem graugrünen Ton der Verglasungen und der Edelstahl-Farbigkeit aller Metallteile verbindet. Die Innenhöfe sind mit hellem Kalkstein, die Vorplätze und Wege mit dunklem Granit gepflastert.

Der Stadtplatz im Norden ist der Hauptzugang für Mitarbeitende und BesucherInnen. Er orientiert sich zur Stadt hin und ist als ein befestigter städtischer Platz gestaltet. Das Wachhaus mit den Sicherheitsanlagen und das bestehende Restaurant »Paris-Moskau« sind in die Gestaltung einbezogen. Darauf folgt der nördliche mit Hecken gestaltete Eingangshof. An ihm liegen gemeinschaftliche Einrichtungen des Ministeriums wie Besucherempfang, Cafeteria, Kantine und Bibliothek. Der auf dem tieferen Geländeniveau liegende südliche Hof ist ein baumbestandener Gartenraum, in dem sich alle Wege, Erschließungsbereiche und Niveaus treffen. An ihn grenzen das Konferenzzentrum und der Presseraum. Der vom Park umgebene Gartenplatz dient als repräsentative Protokollvorfahrt und führt über das Foyer des südlichen Atriums zur Leitungsebene des Ministeriums.

Die innere Erschließung der drei Gebäudespangen erfolgt jeweils über ein zentral angeordnetes Atrium. Eingehängte Treppenläufe verbinden die angegliederten Etagenfoyers über den Luftraum hinweg. Durch Oberlichtverglasungen gelangt natürliches Licht in die innen liegenden Räume, was zu einem angenehmen Arbeitsumfeld beiträgt. Die Farbigkeit der Gebäudespangen wird jeweils in den offenen Treppenräumen der Atrien fortgesetzt. In allen Erschließungszonen und Verkehrsflächen des Gebäudes wurde ein anthrazitfarbener Werkstein gewählt. Sämtliche Türen, die Holzverkleidungen der Aufzugskerne sowie die Handläufe an den Atrien und Treppen sind in rötlichem Kirschholz gefertigt. Das ganzheitliche Energiekonzept des Gebäudes umfasst den Einsatz erneuerbarer Energiequellen wie Geothermie, die Nutzung von 100 Erdsonden zur Beheizung und Kühlung des Gebäudes, den Verzicht auf mechanische Lüftung und die Verwendung von umweltfreundlichen Materialien. Die MitarbeiterInnen können die natürliche Belüftung und den Sonnenschutz individuell an ihrem Arbeitsplatz regeln. Im Winter erfolgt der Wärmetausch mit dem Erdreich zur Beheizung und im Sommer zur Kühlung des Gebäudes. Der weitreichende Verzicht auf mechanische Lüftung minimiert Energieverbrauch und Schadstoffemissionen und schafft gleichzeitig ein gesundes und komfortables Raumklima für die NutzerInnen. Für die Auswahl der Materialien wurde eine optimale Umweltbilanz bei Herstellung und Verarbeitung zur Bedingung gemacht.

Das Bundesinnenministerium in Berlin präsentiert sich als gelungenes Beispiel für eine moderne und nachhaltige Architektur, die sowohl ästhetisch ansprechend als auch funktional und umweltfreundlich ist.

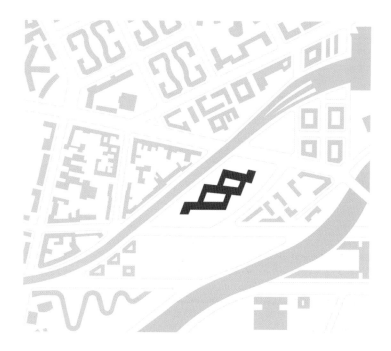

Thomas Müller Ivan Reimann Gesellschaft von Architekten mbH

02

03

04

05

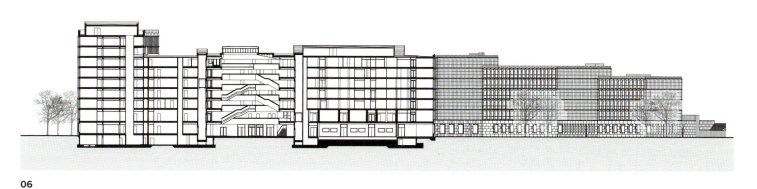
06

02 Eine Abfolge von Plätzen, Höfen und Atrien prägt den Weg durch das Gebäude. **03** Das Ministeriumsgebäude zeichnet sich durch eine markante Grundrissform und gestaffelte Gebäudevolumina aus, die sich an den unregelmäßigen Grundstückszuschnitt, die Bewegung der Stadtbahn und angrenzende Stadträume anpassen und das große Gebäude in einzelne erkennbare Einheiten unterteilen, die auf die Dimensionen der umliegenden Bereiche reagieren. **04+05** Für die Elemente der Fassaden wurde ein hellbeiger fränkischer Jura-Kalkstein ausgewählt, der sich mit dem graugrünen Ton der Verglasungen und der Edelstahl-Farbigkeit aller Metallteile harmonisch verbindet. **06** Ansicht Süd

Thomas Müller Ivan Reimann Gesellschaft von Architekten mbH

08

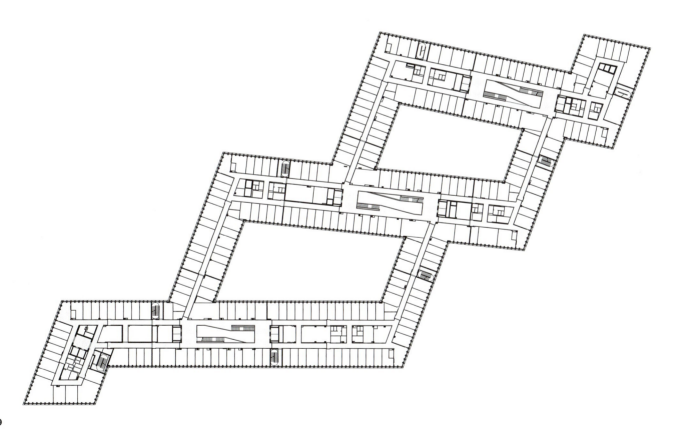

09

07 Die innere Erschließung der Gebäudespangen erfolgt über zentral angeordnete Atrien, in denen eingehängte Treppenläufe die angegliederten Etagenfoyers über den Luftraum hinweg verbinden. **08** Großflächige Verglasungen ermöglichen im Gebäudesockel mit seinen Sondernutzungen ein hohes Maß an Transparenz und spannungsvolle Blickbeziehungen zu den umgebenden Freiräumen. **09** Grundriss

Bahnhof und Ankunftshalle St. Gallen

Giuliani Hönger Architekten
2018

Architektur **Giuliani Hönger** Baujahr **2018** Bauherr **Tiefbauamt Stadt St. Gallen; Hochbauamt Stadt St. Gallen; SBB Infrastruktur; SBB Immobilien** Standort **Bahnhofplatz, 9000 St. Gallen** Auszeichnungen **best architects 2020; Flux Preis 2019; Prix Acier 2018, Anerkennung** Fotografie **David Willen (01, 06, 07); Katalin Deér (02, 03)**

Der Bahnhof St. Gallen ist mit den Schweizerischen Bundesbahnen, den Appenzeller Bahnen, dem Busbahnhof und dem Cityparking die wichtigste Verkehrsdrehscheibe der Ostschweiz und gleichzeitig ein städtischer Knotenpunkt. Zwei Personenunterführungen unter dem Gleisfeld verbinden die Innenstadt und das Quartier Rosenberg miteinander. Die bestehende Personenunterführung West verbindet die St. Leonhard-Strasse mit dem Fachhochschulzentrum inklusive der Bahnhofsvorfahrt und dem Cityparking, die Personenunterführung Ost den Kornhausplatz mit der Rosenbergstrasse. Die beiden Unterführungen werden im bestehenden Bahnhofsgebäude durch eine ebenerdige Passage als öffentliche Raumfolge wiederum miteinander verbunden, deren Kopf die historische Bahnhofshalle bildet. *Giuliani Hönger Architekten* haben den Bahnhofplatz im Zuge einer umfassenden Restrukturierung um einen Neubau und Wartehallen ergänzt sowie den denkmalgeschützten Bestand behutsam umgestaltet.

Der Platzraum des Bahnhofplatzes ist durch steinerne Architektur des frühen 20. Jahrhunderts nach dem Vorbild »Piazza delle Erbe« in Verona geprägt. Im Kontrast dazu wurden Ankunftshalle und Wartehallen unter dem japanischen Begriff »Akari«, der für Helligkeit, Licht und Schwerelosigkeit steht, als leichte Stahlkonstruktionen gestaltet. Die Ankunftshalle schließt die letzte Lücke der umgehenden Platzwand. Sie kragt leicht in den Platz aus und markiert als schwebender Körper mit einer Hängestruktur den neuen prägnanten Ankunfts- und Abreiseort. Mit ihrer transluziden Fassade changiert sie in ihrer Wirkung je nach Lichtverhältnissen zwischen Körper und Raum. Die Wartehallen hingegen bilden mit ihren transluziden Glasdächern tagsüber helle, schattenlose und angenehme Warteflächen und nachts durch das Kunstlicht sichere Orte mit einfacher Orientierung. Durch den hellen Stahl, das transluzide Glas und den Wechsel zwischen Tages- und Kunstlicht verändern die Ankunftshalle sowie die Wartehallen ihre architektonische Erscheinung am Tag, in der Nacht und bei Dämmerung stetig.

Das denkmalgeschützte neobarocke Aufnahmegebäude des Architekten Alexander von Senger aus dem Jahr 1913 wurde im Erd- und im Untergeschoss umgestaltet. Die Eingangshalle des Aufnahmegebäudes wurde von störenden Einbauten befreit und mit raumhohen Verglasungen versehen. Die neuen zweigeschossigen Glasmembranen grenzen die gastronomischen Nutzungen akustisch ab und lassen den Gesamtraum integral erscheinen. Damit wird die äußere Säulenordnung gleichsam in den Innenraum weitergeführt und die imposante Halle im Sinne von Giovanni Batista Nollis »Plan von Rom 1748« als prägender, öffentlicher Innenraum ausgewiesen. *Giuliani Hönger Architekten* ist es gelungen, eine stimmige Verbindung zwischen dem historischen Bestand und den Neubauten herzustellen, die städtebaulich und aus NutzerInnensicht überzeugt.

Giuliani Hönger Architekten

02

03

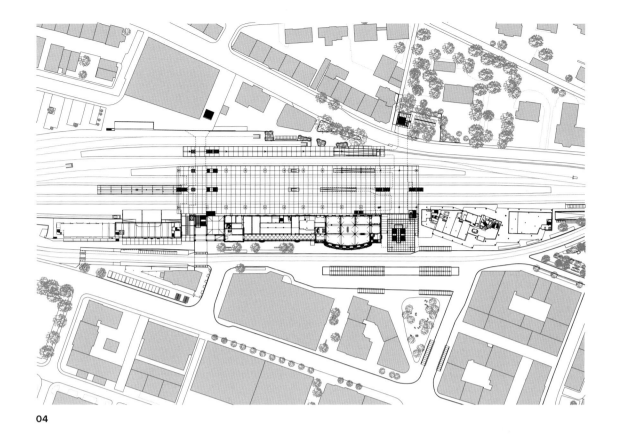

04

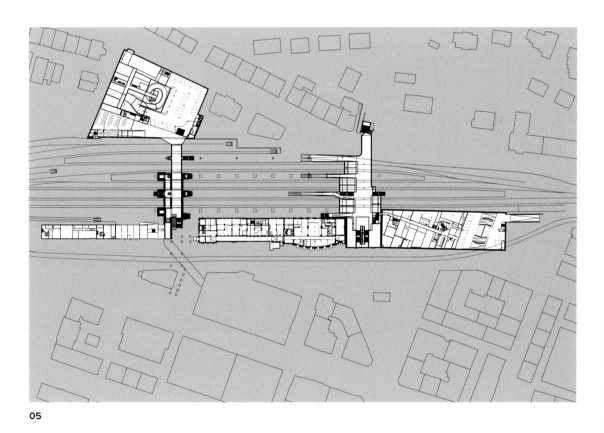

05

02 Im Kontrast zur steinernen Architektur der Bestandsbauten aus dem frühen 20. Jahrhundert sind Ankunftshalle und Wartehallen unter dem japanischen Begriff »Akari« mit der Bedeutung Helligkeit, Licht und Schwerelosigkeit als leichte Stahlkonstruktionen gestaltet. **03** Durch den hellen Stahl, das transluzide Glas und den Wechsel zwischen Tages- und Kunstlicht ändern Ankunftshalle sowie Wartehallen ihre architektonische Erscheinung am Tag, in der Nacht und bei Dämmerung stetig. **04** Grundriss Erdgeschoss **05** Grundriss Untergeschoss

Giuliani Hönger Architekten

07

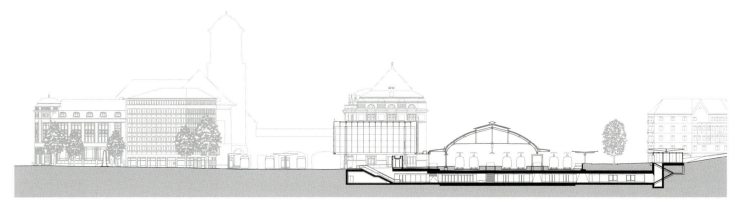

08

06 Die neue Ankunftshalle kennzeichnet als schwebender Körper mit einer Hängestruktur den neuen prägnanten Ankunfts- und Abreiseort. **07** Die Eingangshalle des Aufnahmegebäudes wurde von störenden Einbauten befreit und mit raumhohen Verglasungen versehen, die die gastronomischen Nutzungen akustisch abgrenzen und den Gesamtraum integral erscheinen lassen. **08** Schnitt

Erweiterung Landratsamt Tuttlingen

Beer Bembé Dellinger Architekten und Stadtplaner GmbH
2020

Architektur **Beer Bembé Dellinger Architekten und Stadtplaner GmbH** Baujahr **2020** Fläche **9.500 m² BGF** Bauherr **Landratsamt Tuttlingen** Standort **Bahnhofstraße 100, 78532 Tuttlingen** Tragwerksplanung + Bauphysik **Krebs+Kiefer Ingenierure GmbH** ELT **Schnell Ingenieure** TGA **K+P GmbH & Co.KG** Signaletik **Büro Uebele Visuelle Kommunikation** Fotografie **Stefan Müller-Naumann**

Inmitten der Stadt Tuttlingen erhebt sich eine architektonische Erweiterung des Landratsamtes, die das Karree vervollständigt und somit an die klassizistische Neugestaltung der Stadt nach dem verheerenden Brand von 1803 anknüpft. Zwischen Alt- und Neubau entsteht ein innerstädtischer Platz, der durch die eindrucksvolle Skulptur »Begegnung« des Künstlers Jörg Bach geprägt ist und wörtlich wie bildlich einen Ort des Austauschs schafft.

Der klare Baukörper des Erweiterungsbaus ist über eine Brücke und einen Tunnel mit dem Bestandsbau verbunden und besticht durch eine präzise, rationale Haltung, die durch die vorgefertigte Betonwerksteinfassade unterstrichen wird. Je nach Blickwinkel erscheint das Gebäude entweder monolithisch geschlossen oder fast entmaterialisiert transparent, während der Schattenwurf der Fassade eine plastische und differenzierte Ästhetik erzeugt.

Das Gebäude wird durch sechs Stahlbetonkerne strukturiert, die Fluchttreppenhäuser und Nebenfunktionen aufnehmen und Erdbebenschutz gewährleisten. Die Grundrisse entwickeln sich als regelmäßiges Rechteck mit vier oberirdischen Vollgeschossen und einer eingeschossigen Vollunterkellerung. Im Inneren erstrecken sich zwei gebäudehohe Atrien, um die sich flexible Büroetagen gruppieren. Den umlaufenden Büroflächen entlang der Fassade aus Stahlbeton-Fertigteilen wird eine Mittelzone vorgeschaltet, die der Auslagerung von Funktionen aus den Büroflächen dient.

Materialität und Farbigkeit der Innenräume sind ehrlich und unverfälscht, mit Betonböden, gestockten und schalungsglatten Betonflächen. Die warme Anmutung von Eiche in allen Bereichen mit Publikumsverkehr und Filz und Beton im internen Bürobereich erzeugen ein Wechselspiel aus Weichheit und Härte. Ein großformatiges Orientierungssystem in Weiß strukturiert die Atrien und zeigt die Funktionen der verschiedenen Bereiche, sodass sich BesucherInnen leicht zurechtfinden. Ein innovatives Büro- und Arbeitskonzept stärkt den Dienstleistungsgedanken der Verwaltung und schafft eine offene Bürolandschaft, die Schwellenängste abbaut und eine offene Verwaltung präsentiert. Servicepoints dienen als erste Anlaufstelle für die Anliegen der BürgerInnen, während Großraumarbeitsbereiche mit Rückzugsmöglichkeiten und zahlreichen Besprechungsoptionen den Bedürfnissen der Belegschaft gerecht werden.

Die tragende Fassade ermöglicht Stützenfreiheit im Inneren und Flexibilität für die neue Arbeitswelt. Die massiven Betondecken sind mit einer Bauteilaktivierung ausgestattet, die sowohl heizen als auch kühlen kann, während innen liegende Räume eine kontrollierte Raumbelüftung mit Wärmerückgewinnung erhalten. Insgesamt verbindet der Erweiterungsbau des Landratsamtes Tuttlingen historische Bezüge mit modernen Arbeitswelten und schafft einen Ort der Begegnung und des Austauschs für BürgerInnen und VerwaltungsmitarbeiterInnen gleichermaßen.

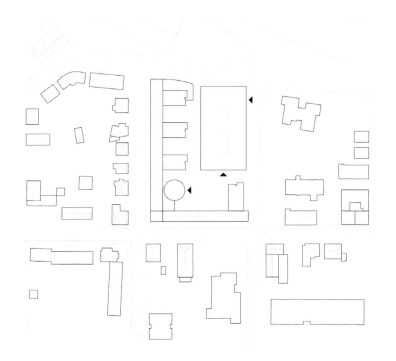

02

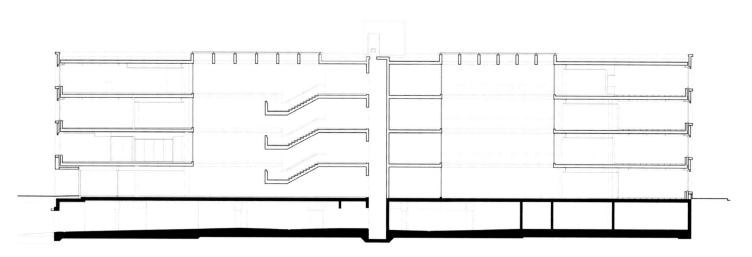

03

04

05

02 Zwischen den unterschiedlichen Gebäudeteilen des Altbaus und des Neubaus ist nun ein neuer innerstädtischer Platz mit vielfältigen Raumkanten entstanden.
03 Längsschnitt **04+05** Die Büroflächen orientieren sich um zwei Atrien. Eine vorgeschaltete Mittelzone im Atrium dient der Auslagerung von Funktionen aus den Büroflächen, wie beispielsweise Besprechungen, Teeküchen, Garderoben, Projekt- und Fokusräumen.

Beer Bembé Dellinger Architekten und Stadtplaner GmbH

06

07

06 Sowohl die äußere Fassade als auch das Innere des Gebäudes zeigen sich in einer unverfälschten, echten Materialität. **07+08** Die warme Anmutung der Eiche für alle Bereiche mit Publikumsverkehr sowie die graue Materialität von Filz und Beton als neutraler Hintergrund für die internen Bürobereiche erzeugen ein Spiel aus Härte und Weichheit. **09** Grundriss Erdgeschoss

08

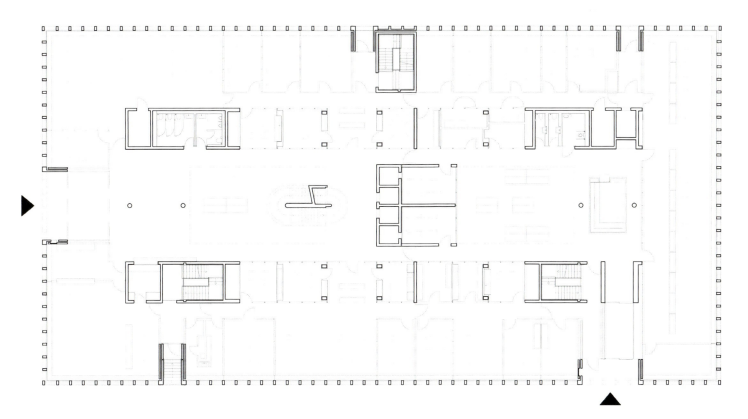

09

Beer Bembé Dellinger Architekten und Stadtplaner GmbH

B&O Holzparkhaus, Bad Aibling

HK Architekten
2022

Architektur **Hermann Kaufmann + Partner ZT GmbH** Baujahr **2022** Fläche **2.204 m² NRF; 2.332,91 m² BGF; 7.135,98 m³ BRI** Bauherr **B&O Parkgelände GmbH** Standort **Pater-Rupert-Mayer-Straße, 83043 Bad Aibling** Tragwerksplanung **merz kley partner ZT GmbH** Landschaftsarchitektur **Sabine Schwarzmann & Jochen Schneider** Brandschutz **FIRE & TIMBER .ING GmbH** Projektleitung **Andreas Ströhle MSc** Bauleitung **B&O Gruppe; Robert Steiner** Fotografie **Sebastian Schels; Roland Wehinger**

Mit einem hellen und lichtdurchlässigen Pavillon antworten die ArchitektInnen von *HK Architekten* auf die Aufgabenstellung eines neuen Parkhauses in der oberbayrischen Stadt Bad Aibling. Präzise setzen sie die Idee eines Parkhauses im Park um und ergänzen mit dem Holzbau das neu wachsende Mischquartier im Norden der Stadt.

Der zweigeschossige Baukörper wird auf einem von altem Baumbestand gesäumten Parkgelände platziert. Er besetzt die Grenze zur östlich verlaufenden Straße und ergänzt die Hauptverkehrsader durch seine Längsstruktur. Durch das Absenken der Erdgeschossebene nutzen die ArchitektInnen den vorgefundenen Geländeverlauf und betten das Parkhaus bedacht in die Landschaft ein.

Im Innenraum des Parkhauses verbindet die Holzstruktur Übersichtlichkeit und Helligkeit mit Funktionalität und schafft damit ein Sicherheitsgefühl bei den NutzerInnen. Die schlanken Lamellen im Obergeschoss erzeugen einen gegliederten Lichteinfall. Sie dienen nicht nur als Absturzsicherung, sondern erzeugen auch eine Durchlässigkeit des schlichten Kubus.

»Emissionsfrei und ganz aus nachwachsenden Rohstoffen« sind die Anforderungen an das umgebende innovative Quartier. Gemäß diesen Ansprüchen entwickelten die ArchitektInnen den Entwurf mehrheitlich in Holz. Die Herausforderung, durch Lasten ausgelöstes Bewegungsverhalten von Bauteilen sowie das Quell- und Schwindverhalten der Holzträger genau zu ermitteln und dann kontrolliert zuzulassen, konnten die ArchitektInnen in Zusammenarbeit mit den erfahrenen TragwerksplanerInnen vom *merz kley partner* Ingenieurbüro bewältigen, sodass alle tragenden Elemente in Baubuche sowie Brettschicht- und Brettsperrholz angefertigt wurden. Das entschlossene und schlichte Materialkonzept wird von Rampe und Treppe komplementiert. Aus Beton gefertigt überwindet die skulptural gestaltete Betonrampe das Erdgeschoss. Die filigrane Stahltreppe flankiert die gegenüberliegende Seite des Baukörpers. In den sonst fast vollständig in Holz ausformulierten Innenraum wird mit einem Fahrbahnbelag aus Gussasphalt eine schützende Schicht gezogen.

Mit einem Entwurf, der vom Holzbau inspiriert ist, verwurzeln die ArchitektInnen von *HK Architekten* das Parkhaus in der vom Baustoff Holz geprägten Kulturlandschaft Vorarlbergs. Die nutzungsgerechte Struktur überzeugt durch ihren ausgeprägten gestalterischen Anspruch.

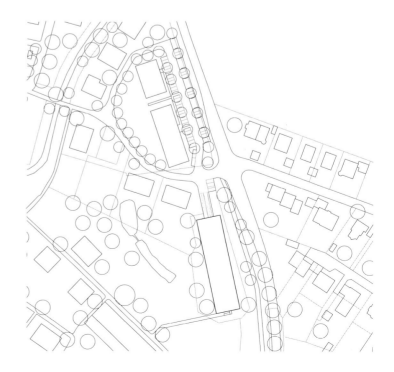

HK Architekten

02

03

02 Der Holzbaukörper erstreckt sich in seiner länglichen Form entlang einer Hauptverkehrsader. **03 + 04** Die skulpturale aus Beton gefertigte Rampe und die filigrane Stahltreppe liegen an den gegenüberliegenden Seiten des Baukörpers an und komplementieren das stringente Materialkonzept. **05** Grundriss OG **06** Längsschnitt

04

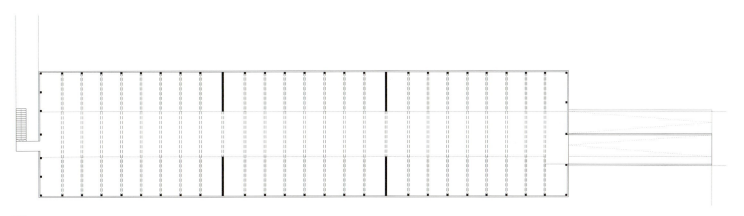

05

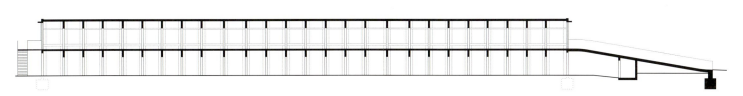

06

07

08

07 Das Parkhaus im Park wurde durch das Ausnutzen des vorgefundenen Geländeverlaufs mit Absenkung der Erdgeschossebene präzise in die Landschaft eingebettet. **08** Die offene Struktur stärkt durch ihre Lichtdurchlässigkeit das Sicherheitsgefühl der NutzerInnen. **09** Ein harmonischer und gegliederter Lichteinfall wird durch die schmalen Lamellen der Absturzsicherung im Obergeschoss erzeugt.

Justizzentrum Leipzig

kister scheithauer gross architekten und stadtplaner

2021

Architektur **kister scheithauer gross architekten und stadtplaner** Baujahr **2021** Fläche **16.180 m²** BGF Bauherr **Staatsbetrieb Sächsisches Immobilien- und Baumanagement Niederlassung Leipzig I** Standort **Bernhard-Göring-Straße/Arndstraße/Alfred-Kästner-Straße, 04275 Leipzig** TGA **ZWP Ingenieur-AG** Fotografie **HGEsch**

Das »Justizzentrum Leipzig« ist ein beeindruckendes Beispiel für die gelungene Verbindung von historischer Substanz und moderner Architektur. Es beherbergt die Staatsanwaltschaft Leipzig und bietet Raum für rund 250 MitarbeiterInnen. Das Gebäudeensemble aus sanierten, denkmalgeschützten Bestandsgebäuden und einem Neubau liegt in der Innenstadt von Leipzig, eingebettet zwischen Wohnbebauungen und dem höheren Amtsgericht. Es stellt eine wichtige räumlich-städtebauliche Abgrenzung des Sonderbereichs Justiz dar und vermittelt durch seine Höhenstaffelung zwischen den umliegenden Gebäuden.

Die Baumaßnahme umfasste nicht nur die Sanierung und den Umbau der Bestandsgebäude, sondern auch einen Verbindungsneubau im Innenhof des Areals. Dieser sechsgeschossige Neubau, gestaltet in Form eines einfachen Riegels, verbindet die beiden Bestandsgebäude und schafft einen angemessenen Abschluss zu den angrenzenden Höfen der Wohnbebauung. Seine Fassade besteht aus hellen Betonfertigteilen und ist horizontal in drei Teile gegliedert, die jeweils zwei Geschossebenen verbinden. Diese Gestaltung nimmt die Gebäudehöhe zurück und vermittelt so gegenüber den viergeschossigen Wohnhäusern. Der Neubau ist zum Amtsgericht hin in den unteren Geschossen breiter und springt in den oberen Geschossen zurück, was den Baukörper gliedert und harmonisch strukturiert.

Im Inneren des Justizzentrums finden sich Büro-, Akten- und Besprechungsräume, Archiv-, Registraturflächen sowie Lagerflächen für Asservate. Besondere Räumlichkeiten sind die ehemaligen Haftzellen mit einer beeindruckenden Treppenanlage, die nun als Asservaten- und Bibliotheksräume genutzt werden, sowie eine ehemalige Bethalle, in der eine zusätzliche Galerieebene mit Büroräumen eingezogen wurde. Die Gebäude sind funktional an die Erschließung des Neubaus angebunden und die historischen Zellentüren wurden saniert und als Blindtüren verschlossen.

Das »Justizzentrum Leipzig« erfüllt hohe Sicherheitsanforderungen, die für den Standort der Staatsanwaltschaft notwendig sind. Die inneren Fenster der Bestandsgebäude wurden aufgrund der Sicherheitsbelange durch neue ersetzt, während die äußeren, straßenseitigen Fenster sowie die Gitter erhalten und saniert wurden. Zudem wurde eine Förderung zur Verbesserung der Energieeffizienz gewährt, da der für die Sanierung geplante energetische Standard über den Anforderungen nach Energieeinsparverordnung liegt.

Insgesamt stellt das »Justizzentrum Leipzig« eine gelungene Symbiose aus historischer Bausubstanz und moderner Architektur dar, die sowohl den Anforderungen der Staatsanwaltschaft als auch den städtebaulichen Gegebenheiten gerecht wird. Es ist ein Ort, der Geschichte und Gegenwart verbindet und dabei den hohen Ansprüchen an Sicherheit und Energieeffizienz entspricht.

kister scheithauer gross architekten und stadtplaner

02

03

02 Der sechsgeschossige Verbindungsneubau in Form eines einfachen Riegels wurde zwischen die Giebelwände der Bestandsgebäude eingestellt und durch einen abgestuften Archivanbau an die Brandwand zum Nachbarn ergänzt. Die T-förmige Gesamtstruktur ergänzt die Hofsituation. **03** Die sechsgeschossige hinterlüftete Fassade aus hellen Betonfertigteilen wurde horizontal in drei Teile gegliedert, die vertikal jeweils zwei Geschossebenen verbinden. Diese gewählte Aufteilung nimmt die Gebäudehöhe zurück und vermittelt so gegenüber den viergeschossigen Wohnhäusern. **04** Die Länge des Baukörpers wird durch die vertikalen Fensterformate unterbrochen, die jeweils im oberen und unteren Bereich eines Geschosses als Blindfenster vor der Brüstung und dem Sturz in Erscheinung treten.

05

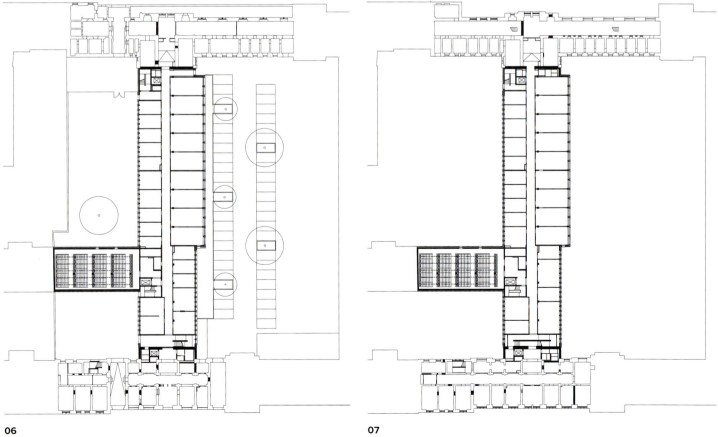

06

07

08

09

05 + 09 Der Neubau zeichnet sich durch einen hell und großzügig gestalteten Innenraum aus. **06** Grundriss EG **07** Grundriss 1. OG **08** Die Bestandsgebäude wurden denkmalgerecht saniert und nur in Teilbereichen umgebaut.

Bahnhof Neulengbach

mohr niklas architekten

2021

Architektur **Mohr Niklas Architekten ZT-GmbH** Mitarbeiter **Alexander Masching, Faruch Achmetov, Markus Niklas** Baujahr **2021** Bauherr **ÖBB Infrastruktur AG** Standort **Bahnhofstraße 78, 3040 Neulengbach** Tragwerksplanung **schneider-consult und Wolfgang Engel** Auszeichnungen **best architects 23; Big See Award** Fotografie **David Schreyer**

Zwei neue Zugangsbauwerke mit Liftanlage zu den Bahnsteigen der Haltestelle Neulengbach wurden von *mohr niklas architekten* gestaltet. Inmitten des Wienerwaldes ermöglichen sie einen barrierefreien Zugang zur ehemaligen Westbahnstrecke.

Die Bestandsstrecke aus dem 19. Jahrhundert musste aufgrund der starken Topografie präzise in das Gelände eingeschnitten werden, sodass sie an der Haltestelle Neulengbach durch ihren parallelen Verlauf von einer Tief- zu einer Hochlage wechselt und für BesucherInnen das Überwinden einiger Höhenmeter bis zu den Bahnsteigen erforderlich macht. Der bestehende Bahnsteig wird jetzt an seinem Ende von zwei neuen Bauwerken mit Liftanlage, die als neue Aufgänge fungieren, flankiert. Damit schufen die ArchitektInnen nicht nur einen barrierefreien Zugang zu den Bahnsteigen, sondern auch einen Anschluss an eine bestehende Park-and-Ride-Anlage inklusive barrierefreier Parkplätze am Alten Markt. Verwirklicht sind die beiden Zugangsgebäude als Strukturen, die Turmbauwerken ähneln. Sie verankern die Haltestelle durch ihre ausgeprägte bauliche Verdichtung im öffentlichen Raum und machen sie weit in den Stadtraum hinein sichtbar.

Die Anlagen werden am Durchgang zum Alten Markt zwischen Straße, Bahndamm und der Bestandsbebauung eingefügt. Eine bestehende Natursteinmauer wird fortgesetzt in einem Stützbauwerk aus Beton, die zusammen als Einheit den Sockel des Gebäudes bilden. Der Beton umschließt den Baukörper als horizontales Band. Im Bereich der Treppe verbreitert sich der Sockel und bildet an der zur Straße gewandten und tieferliegenden Seite eine Zugangsöffnung aus.

Beim Betreten eröffnet sich eine zehn Meter hohe Halle. Mittige Stützen tragen die Holzdecke, die den Raum nach oben hin abschließt. Zwischen der auskragenden Betonkonstruktion des Sockels und dem schwebenden Holzdach spannen sich Glaswände auf. Mit der minimierten Konstruktion, die durch einen sensiblen Umgang mit dem Material eher unscheinbar wirkt, schaffen die ArchitektInnen inmitten der beengten Verhältnisse der Umgebung einen hellen Innenraum, dessen Leichtigkeit für alle erfahrbar wird. Robustere Oberflächen wurden in Bereichen mit Personenverkehr durch das Fliesen der Wände geschaffen. Die Informations- und Servicesysteme der ÖBB wurden soweit wie möglich in den Betonbau integriert.

Die neuen Zugangsbauwerke überzeugen als ästhetisch anspruchsvolle, nutzerInnenorientierte Lösung in einem herausforderndem Gelände.

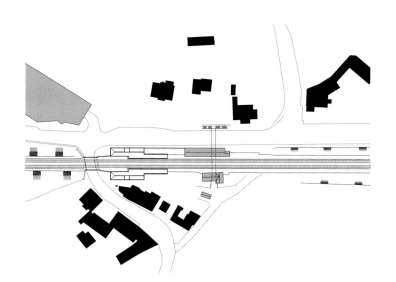

mohr niklas architekten

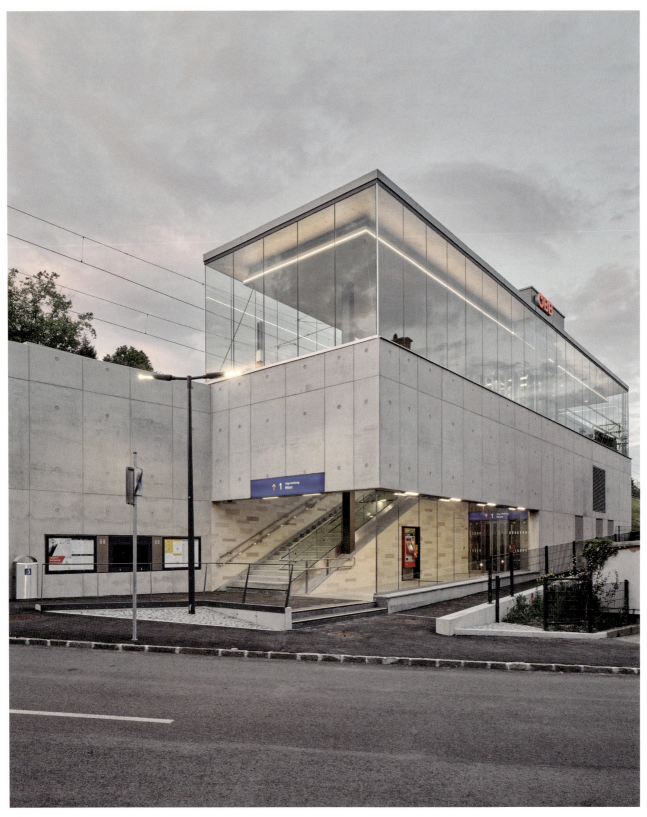

02

02 Der Beton der Stützkonstruktion schließt an die bestehende Struktur aus Naturstein an, die gemeinsam den Sockel des Zugangsbauwerkes ausbilden.
03 Axonometrie

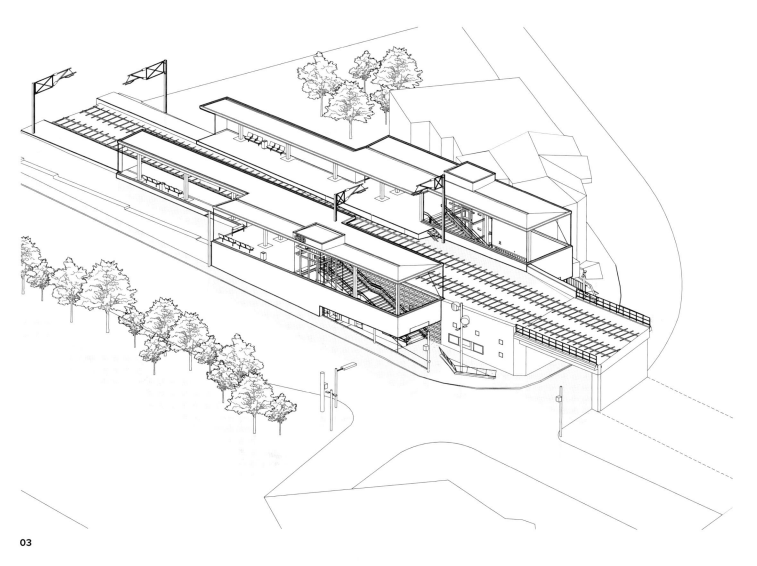

03

04

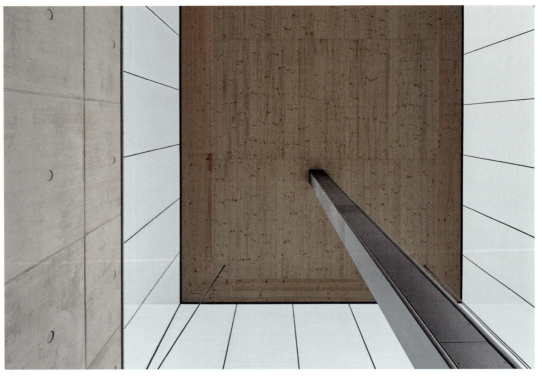

05

04+05 Den BesucherInnen eröffnet sich bei der Erschließung eine zehn Meter hohe Halle, die von einer Holzdecke abgeschlossen wird. Die zurückhaltende Glaskonstruktion zwischen Decke und auskragender Betonkonstruktion erzeugt im Innenraum eine fühlbare Leichtigkeit. **06** Die Topografie erforderte einen präzisen Einschnitt der parallel verlaufenden Bahnstrecke und der Bauwerke in das Gelände. Der Höhenverlauf lässt sich deutlich ablesen. **07** Die Haltestelle inmitten des Wienerwaldes unterliegt teilweise dem Denkmalschutz.

06

07

Prozessgebäude für das Oberlandesgericht Stuttgart-Stammheim

Thomas Müller Ivan Reimann Gesellschaft von Architekten mbH
2019

Architektur **Thomas Müller Ivan Reimann Gesellschaft von Architekten mbH** Baujahr **2019** Fläche **6.200 m² BGF** Bauherr **Land Baden-Württemberg, Vermögen und Bau Baden-Württemberg, Amt Ludwigsburg** Standort **Asperger Straße 47, 70439 Stuttgart** Statik **Mayer-Vorfelder und Dinkelacker Ingenieurgesellschaft für Bauwesen GmbH und Co. KG** TGA **Paul+Gampe+Partner GmbH** Örtliche Bauleitung **Wiesler Zwirlein Architekten** Farbkonzept **Friederike Tebbe Studio Farbarchiv** Kunst am Bau **Markus F. Strieder** Freianlagenplanung **Vogt Landschaft GmbH** Elektroplanung **Arbeitsgemeinschaft Günthner Ingenieure GmbH + Kienle Beratende Ingenieure GmbH** Bauphysik **Brüssau Bauphysik GmbH** Brandschutz **Sachverständigengesellschaft Dr. Portz mbH** Infrastrukturplanung **Rauschmaier Ingenieure GmbH** Fotografie **Stefan Müller, Oliver Rieger**

Auf dem Gelände der Justizvollzugsanstalt Stuttgart-Stammheim gelegen, befindet sich das neue Sitzungsgebäude für das Oberlandesgericht, das den gestiegenen Sicherheitsanforderungen der Terrorismus-Strafprozesse Rechnung trägt, ohne dabei seine architektonische Eleganz einzubüßen. In direkter Nachbarschaft zum provisorischen Mehrzweckgebäude aus den 1970er-Jahren, das einst Schauplatz der RAF-Prozesse war, ersetzt der Neubau das nicht mehr zeitgemäße Bestandsgebäude und beherbergt zwei Sitzungssäle für besonders sicherheitsintensive Gerichtsverfahren.

Der kubische Baukörper, mit einer Nutzfläche von knapp 3.000 Quadratmetern, markiert den Übergang zwischen dem öffentlichen Stadtraum und dem abgeschirmten Justizareal. Seine klare und präzise Formensprache hebt sich von der heterogenen Umgebung ab. Die Fassade gliedert sich in ein geschlossenes Erdgeschoss mit verputztem Mauerwerk und ein aufgelöstes Obergeschoss mit Fensterelementen, die je nach Ausrichtung und Nutzungsbereich zwischen transparent und opak wechseln. Der Eingangsbereich, verkleidet mit Chloritgneis Dorfergrün Naturstein, verbindet Wertigkeit und Widerstandsfähigkeit und orientiert sich zum großzügigen Vorplatz hin. Die umlaufende, repetitive Fensterstruktur der Obergeschossfassade ist als tiefe, plastisch profilierte Metallfassade mit sich wiederholenden Elementen gestaltet, die die Sicherheitsmaßnahmen in der Fassadengestaltung widerspiegeln.

Im Inneren des Gebäudes unterteilt sich der Raum in öffentliche und nichtöffentliche Bereiche, die durch die Lage der Zugänge definiert sind. Die Wegeführung und Raumanordnung sind geprägt von den komplexen Anforderungen des Prozessablaufes und Sicherheitsvorgaben. Zwei grüne Garteninnenhöfe sorgen für eine angenehme Aufenthaltsqualität und gewährleisten die Belichtung aller sicherheitsrelevanten Räume. Die Prozesssäle sind trotz ihrer Lage im Inneren des Gebäudes durch Oberlichter natürlich belichtet und verfügen über separate Zugänge für verschiedene Nutzergruppen.

Die großzügigen Foyers vor den Sitzungssälen erhalten Tageslicht durch Fensterflächen im Obergeschoss und werden durch die markante Farbgestaltung akzentuiert. Büros für VerteidigerInnen, weitere Aufenthaltsräume sowie der Speisesaal sind zu den landschaftlich gestalteten Außenflächen hin orientiert.

Der hohe architektonische Anspruch des neuen Oberlandesgerichts ist ein Ausdruck des großen Stellenwertes, den die Justiz in einer demokratischen Gesellschaft genießt. Das Gebäude versteht sich als ein herausgehobenes öffentliches Bauwerk, das Beständigkeit, Würde und Selbstverständnis ausstrahlt. In diesem Sinne vereint der Neubau des Oberlandesgerichts Stuttgart-Stammheim die Anforderungen an Sicherheit und Funktionalität mit einer zeitgemäßen und anspruchsvollen Architektur, die sowohl der Geschichte des Ortes als auch der Bedeutung der Rechtsprechung gerecht wird.

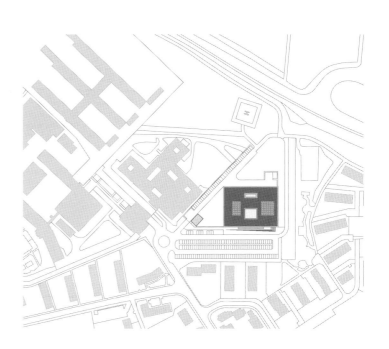

Thomas Müller Ivan Reimann Gesellschaft von Architekten mbH

02

02 Die Eingangsbereiche sind mit Chloritgneis Dorfergrün Naturstein verkleidet, der Wertigkeit und Widerstandsfähigkeit verbindet. **03** Die Sicherheitsmaßnahmen spiegeln sich auch in der Gestaltung der Fassade wider, die sich in ein mit verputztem Mauerwerk geschlossenes Erdgeschoss und ein aufgelöstes Obergeschoss mit Fensterelementen gliedert. **04** Zwei grüne Garteninnenhöfe sorgen für eine angenehme Aufenthaltsqualität und gewährleisten die Belichtung aller sicherheitsrelevanten Räume.

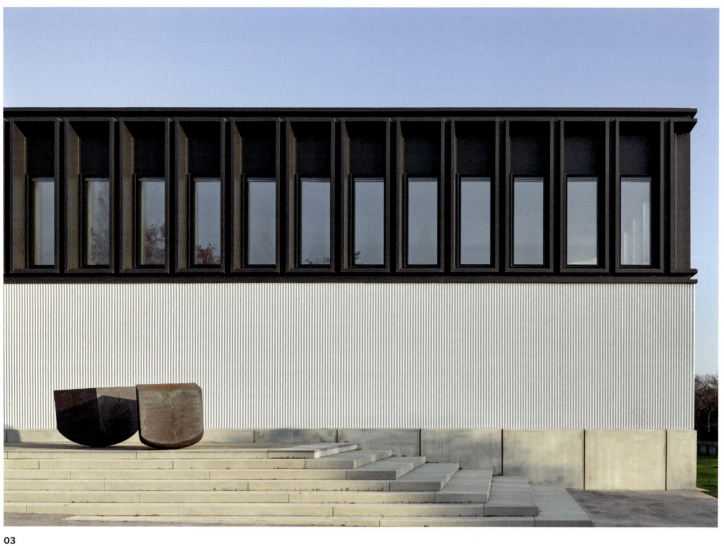

03

04

Thomas Müller Ivan Reimann Gesellschaft von Architekten mbH

05 Die großzügigen Foyers vor den Sitzungssälen erhalten Tageslicht durch Fensterflächen im Obergeschoss. **06+07** Die Prozesssäle sind trotz ihrer Lage im Inneren des Gebäudes durch Oberlichter natürlich belichtet und verfügen über separate Zugänge für verschiedene NutzerInnengruppen.

06

07

Landratsamt Garmisch-Partenkirchen

Schwinde Architekten Partnerschaft; Aichner Kazzer Architekten PartGmbB
2021

Architektur **Schwinde Architekten Partnerschaft; Aichner Kazzer Architekten** Baujahr **2021** Fläche **11.500 m² BGF** Bauherr **Landkreis Garmisch-Partenkirchen** Standort **Olympiastraße 10, 82467 Garmisch-Partenkirchen** Landschaftsarchitektur **Lex-Kerfers Landschaftsarchitekten** Fotografie **Stefan Müller-Naumann; Henning Koepke**

Mit umfangreichen Umbau-, Sanierungs- und Erweiterungsmaßnahmen haben die ArchitektInnen von *Schwinde Architekten* zusammen mit *Aichner Kazzer Architekten* das Landratsamt Garmisch-Partenkirchen zu einem belebten Ort im Zentrum der Stadt umgestaltet.

In einer Planungs- und Bauzeit von zehn Jahren gelang es den ArchitektInnen aus fünf Gebäudeteilen, die zwar räumlich miteinander verbunden waren, aber ansonsten wenig Bezug zueinander hatten, ein räumlich wie gestalterisch zusammenhängendes Ensemble umzusetzen. Das denkmalgeschützte ursprüngliche Hauptgebäude (Bauteil A) wurde mit einem barrierefreien Aufzug versehen. Ein weiteres Bestandsgebäude – Bauteil B – wurde saniert und das bestehende Satteldach durch eine Aufstockung ersetzt. Bauteil C wurde abgebrochen und durch einen zeitgemäßen Neubau inklusive Tiefgarage ersetzt, der in einem zweiten Bauabschnitt noch in den Hof hinein erweitert wurde. Bauteil D wurde aufgrund von unverhältnismäßig hohen Sanierungskosten abgerissen. An seiner Stelle ist städtebaulich und konstruktiv eine Erweiterungsmöglichkeit für zukünftigen Raumbedarf der Behörde vorgesehen.

Die verschiedenen Gebäudekomponenten gruppieren sich um eine mittige Piazzetta, die die umfassende Struktur der Behörde gliedert. Ehemals als reine Parkfläche für MitarbeiterInnen-Autos genutzt, konnte durch eine Tiefgarage der Innenhof als begrünte Aufenthaltsfläche gewonnen werden. Die parkähnliche Gestaltung des Platzes durch Neupflanzungen betont die Eingänge und Wegeverbindungen zwischen den Gebäuden und wertet den Standort entschieden auf. Mit dem Öffnen der Piazzetta für alle BürgerInnen reagieren die ArchitektInnen auf die zentrale Lage im Zentrum der Stadt. Mit einer zurückhaltenden und aufeinander abgestimmten Fassadengestaltung wurden die Bestandsgebäude, deren Eindruck von grellen Farben geprägt war, zu einer harmonischen Ensemblewirkung überarbeitet.

Das Landratsamt wird über den neu geschaffenen Hauptzugang im Neubau vom Platz her erschlossen. Die Vermittlung zum Bestandsgebäude B erfolgt durch einen dreigeschossigen Verbindungsbau. Im Schnittbereich der beiden Gebäudevolumina bietet eine großzügige, natürlich belichtete Halle eine erste Orientierung. Zur Halle hin angeordnete Flure und Besprechungsräume schaffen vielfältige Blickbeziehungen über alle Geschosse. Gestockte Sichtbetonflächen und Wandvertäfelungen aus Lärchenholz prägen das Innere des Gebäudes.

Die verschiedenen Teile des Bestandes wurden individuell betrachtet und eine jeweilig adäquate Lösung entworfen. Mit genauen Bemusterungen und Untersuchungen wurden die besonderen Merkmale des ursprünglichen Hauptgebäudes herausgearbeitet. Auf dieser Grundlage gelingt es den ArchitektInnen durch ausgewählte Details und Materialien, die sich in der Anlage wiederholen, die spezifischen Qualitäten der einzelnen Gebäudekomponenten mit einer Kontinuität im Innenraum zu verbinden.

Die Verbesserung der Auffindbarkeit und die angenehme Atmosphäre durch helle Räume und warme, natürliche Materialien machen das Landratsamt zu einem besucherInnenfreundlichen Ort.

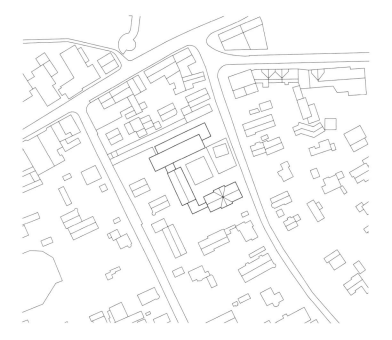

Schwinde Architekten Partnerschaft; Aichner Kazzer Architekten PartGmbB

02

03

02 Statt einer reinen Parkfläche für Autos bietet die Piazzetta des Landratsamtes nun allen BürgerInnen eine qualitätsvolle Aufenthaltsfläche im Zentrum der Stadt. **03** Die aufeinander abgestimmte und zurückhaltende Gestaltung der Fassaden lässt aus den verschiedenen historischen Komponenten des ursprünglichen Gebäudes ein harmonisches Ensemble entstehen. **04** Die Gliederung in zwei Volumina sowie die Viergeschossigkeit des Neubaus integrieren den Ergänzungsbau in seine Umgebung und bewahren die Maßstäblichkeit des Gebäudeensembles. **05+06** Ansichten

04

05

06

07

08

07 Das neue Dachgeschoss des westlichen Gebäudeteils wird mit bodentiefen Verglasungen ausgestattet, die auch im Innenraum einen großzügigen Bezug zum identitätsstiftenden Außenraum herstellen. **08** Im denkmalgeschützten Bauteil A wurden die charakterbildenden Merkmale des Hauses herausgearbeitet und um eine moderne Einrichtung ergänzt. **09** Der Innenraum des Landratsamtes wird inbesondere durch einen viergeschossigen Luftraum in der Erweiterung geprägt, der zur Erschließung des Sitzungssaales und für die Aufnahme von erhöhtem Publikumsverkehr dient. **10** Warme und natürliche Materialien sowie eine Maximierung von natürlichem Licht schaffen eine besonders angenehme Atmosphäre. **11** Grundriss EG **12** Grundriss 2. OG

09

10

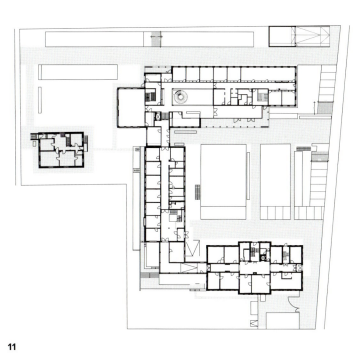

11

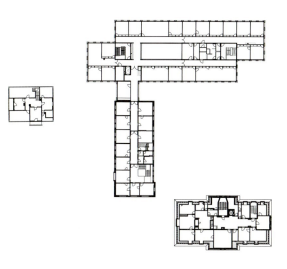

12

Falginjochbahn

Baumschlager Hutter Partners
2019

Architektur **Baumschlager Hutter Partners** Baujahr **2019** Fläche **1.400 m² NF Talstation, 290 m² NF Bergstation** Bauherr **Kaunertaler Gletscherbahnen GmbH** Standort **Gletscherstraße 240, 6524 Kaunertal** Auszeichnungen **Neues Bauen Tirol 2020, Anerkennung; Verzinkerpreis 2021, 1. Preis**
Fotografie **Albrecht Imanuel Schnabel**

Die »Falginjochbahn« führt am Kaunertaler Gletscher in Österreich zum höchsten Punkt des gleichnamigen Skigebiets. Seit 2019 ersetzt sie zwei Schlepplifte. Die hochmoderne Seilbahn befördert Fahrgäste vom Gletscherrestaurant zu dem auf 3.113 Meter über Meer liegenden Falginjoch, einem beliebten Ziel für Wintersportfans. Für die 2.000 Meter lange Strecke benötigt sie weniger als vier Minuten. Die Konstruktion kommt mit nur zwei Seilbahnstützen aus und sorgt durch eine breite Doppelseilführung für besondere Windstabilität.

Die exponierte Lage brachte besondere bauliche Herausforderungen mit sich. Aufgrund der hochalpinen Verhältnisse wurde die Bauzeit auf sechs Monate verkürzt. Die außergewöhnlichen Bedingungen erforderten einen hohen Grad an Vorfertigung. Auf diese Weise konnten die Baumaßnahmen vor Ort auch in einem ökologisch vertretbaren Ausmaß gehalten werden.

Basis aller gestalterischer Überlegungen waren die notwendigen, sichtbaren technischen Anlagen der Seilbahntechnik wie Antriebe, Seilbahnstützen und Seilverankerungen sowie deren Einbindung in den Naturraum. Diese bildprägenden Elemente waren Anlass zur materiellen Reduktion. Der verglaste Baukörper der auf 2.750 Meter Höhe liegenden Talstation wird vom Stahlfachwerk umschlossen und steht auf einem Betonsockel. Die in Richtung Tal auskragende Bergstation ist sein kleineres Gegenstück. Als massive Konstruktionen aus Beton, Stahl und Glas sind die Stationsgebäude darauf ausgelegt, extremen Wettersituationen zu trotzen. Die nach außen gekehrte Materialität von Rohbeton und Stahlträgern greift die Präsenz der nackten Felsstrukturen am Berghang auf. Die Seilbahnstützen sind als Stahlgittermaste ausgeführt und antworten auf die Naturgewalten mit technoider Raffinesse und strengen geometrischen Formen. Die Gondeln schweben als Kapseln aus Glas und Stahl über die Landschaft.

Durch den umfangreichen Einsatz von Glaselementen ermöglicht die Schau-Seilbahn nicht nur einen Panorama-Blick auf die beeindruckende Berglandschaft, sondern auch Einblicke in die technischen Anlagen. Auf diese Weise verbindet das infrastrukturelle Bauwerk nicht nur Berg und Tal, sondern auch Naturerlebnis und Technik.

02

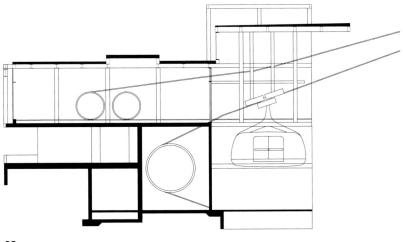

03

04

02 Die hochmoderne Seilbahn befördert Fahrgäste vom Gletscherrestaurant zu dem auf 3.113 Meter über dem Meeresspiegel liegenden Falginjoch. **03** Längsschnitt Talstation **04** Die Basis aller gestalterischer Überlegungen waren die notwendigen, sichtbaren Anlagen der Seilbahntechnik wie Antriebe, Seilbahnstützen und Seilverankerungen. Diese bildprägenden Elemente waren Anlass zur materiellen Reduktion in Beton, Stahl und Glas und formen die technoid wirkenden Infrastrukturbauwerke.

05

06

05+06 Die nach außen gekehrte Materialität von Rohbeton und Stahlträgern greift die Präsenz der nackten Felsstrukturen am Berghang auf. **07** Für die 2.000 Meter lange Strecke werden nur zwei Seilbahnstützen benötigt. Eine breite Doppelseilführung sorgt für besondere Windstabilität. **08+09** Längs- und Querschnitt Bergstation

07

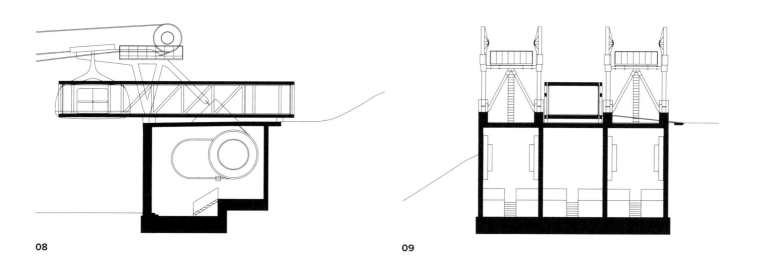

08

09

Dorfzentrum Münster

DIN A4 Architektur

2019

Architektur **DIN A4 Architektur ZT GmbH** Baujahr **2019** Fläche **3.230 m² BGF** Bauherr **Gemeinde Münster** Standort **6232 Münster** Tragwerksplanung **ZSZ Ingenieure ZT GmbH** Bauphysik **Fiby ZT GmbH** Fotografie **Dr. Christian Hohlrieder**

Das neu gestaltete Dorfzentrum von Münster in Tirol liegt zentral im Ort und soll als identitätsstiftender architektonischer Rahmen dienen. Hier sind ein Gemeindeamt, ein Musikpavillon und ein Mehrzweckgebäude mit Tiefgarage konzipiert worden, die den individuellen Bedürfnissen des dörflichen Lebens gerecht werden.

Im Außenbereich besticht der Entwurf durch die gelungene Anordnung der Gebäude und den unterschiedlichen Zugängen zum Platz. Die Holzfassaden, Glaselemente, Kiesflächen, Bäume, Sandflächen und die gepflasterte Dorflandschaft schaffen eine angenehme und freundliche Atmosphäre. Der attraktive Vorplatz lädt zum Verweilen ein und bietet nahe Parkmöglichkeiten für kurze Wege bei Erledigungen und Veranstaltungen.

Im Innenbereich erstreckt sich das Gemeindeamt über drei Etagen und verfügt über einen großzügigen Sitzungssaal, Gemeinschafts- und Ausstellungsraum sowie einen zentralen Infopoint im Eingangsbereich. Der eingeschossige Verbindungsbau dient als Mehrzweck- und Seniorenraum und ist durch eine weite Überdachung mit dem Musikpavillon verbunden. Großflächig zu öffnende Fassaden ermöglichen eine flexible Nutzung des Platzes für Veranstaltungen wie Konzerte, Bauernmarkt, Freiluftkino oder Christkindlmarkt.

Insgesamt ist das neue Dorfzentrum Münster von *DIN A4 Architektur* ein eindrucksvoller architektonischer Schmelztiegel, der Funktionalität und Ästhetik miteinander verbindet. Es bereichert das dörfliche Leben um einen lebendigen und einladenden Ort für die Gemeinschaft.

DIN A4 Architektur

02

03

02 Die gepflasterte Dorflandschaft vermittelt eine angenehme und freundliche Atmosphäre, die zu einer flexiblen Nutzung des Platzes für Veranstaltungen wie Konzerte, Bauernmarkt, Freiluftkino oder Christkindlmarkt einlädt. **03** Der eingeschossige Verbindungsbau dient als Mehrzweck- und Seniorenraum. Ebenerdig und mit einer Schankeinrichtung sowie einer Bühne ausgestattet, steht er für barrierefreie Veranstaltungen zur Verfügung. **04** Grundriss EG **05** Schnitt

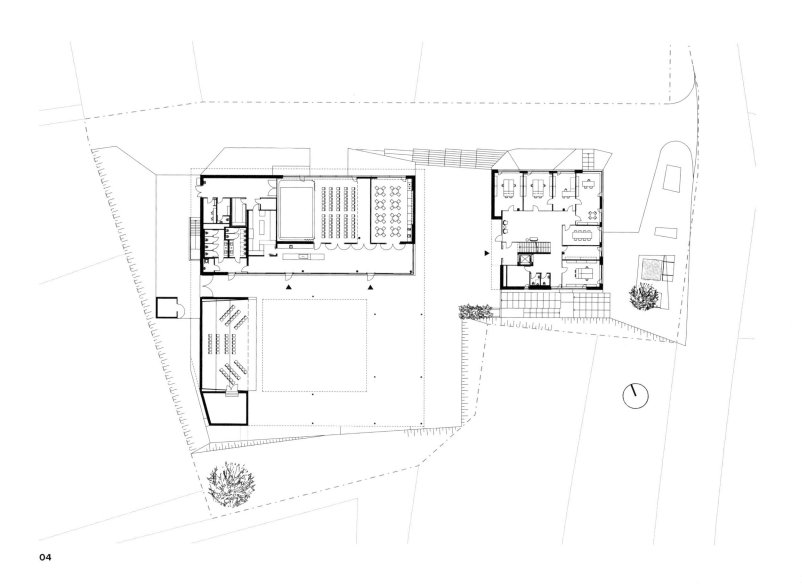
04

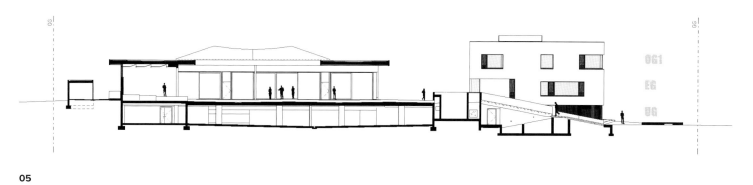
05

DIN A4 Architektur

071

06

07

06 Historische Bildansichten der Gemeinde dienen einerseits als Sichtschutz für die Büros und schaffen andererseits eine Verbindung zwischen der Geschichte und Zukunft Münsters und wirken so identitätsstiftend. **07** Die Materialien aus Holz, Glas und Beton sind auch im Innenraum erfahrbar. Funktionalität und Ästhetik ergänzen sich zu einem harmonischen Ganzen. **08** Die geometrische Wirkung der Treppe wird durch ein großzügiges Oberlicht in Szene gesetzt.

Erweiterung Landratsamt Starnberg

Auer Weber
2021

Architektur **Auer Weber** Baujahr **2021** Fläche **4.530 m² WF** Bauherr **Landkreis Starnberg** Standort **Strandbadstraße 2, 82319 Starnberg** Tragwerksplanung **Behringer Beratende Ingenieure** TGA **Mathias Baumann** Elektro **Ingenieurbüro Knab** Brandschutz **Kersken + Kirchner** Thermische Bauphysik **Braun – Haas + Partner** Freianlagen **Luska Freiraum** Geologie **Grundbaulabor München** Fotografie **Aldo Amoretti**

Seit 1982 ist das von *Auer Weber* entworfene Landratsamt ein unverzichtbarer Teil des Stadtbildes von Starnberg. 35 Jahre nach der Erbauung bedurfte das prämierte Bauwerk einer räumlichen Erweiterung. Die besondere Herausforderung bestand darin, Materialien und Details der bestehenden Konstruktion auf den gegenwärtigen Entwurf zu übertragen, um ein homogenes und vertrautes Bild zu wahren, und dabei gleichzeitig die stark gestiegenen energetischen Anforderungen zu integrieren. Der Neubau – eine Hybridkonstruktion aus Holz, Stahl und Beton in modularer Bauweise – stellt Raum für 160 neue Arbeitsplätze bereit.

Nach einer Untersuchung unterschiedlicher Varianten als Standort der Erweiterung wurde der südwestliche Bereich des Grundstückes am Ufer des Starnberger Sees gewählt, um die bestehende Durchlässigkeit für die Öffentlichkeit von der Münchner Straße bis zur Seepromenade zu erhalten. Die kammartige Struktur des Bestandes auf der Westseite wird weitergeführt. Auf der Ostseite entsteht durch die Einfügung einer hofartigen Struktur mit angrenzenden Bestandsbauwerken ein großräumiger Freibereich. Die westlichen Höfe dienen als Retentionsbereiche für eine natürliche Versickerung des Regenwassers und werden analog dem Bestand als Themenhöfe mit Findlingen, Kies, heimischen Stauden und Solitärgehölzen gestaltet.

Der Anbau führt das architektonische Konzept der Gebäudehülle weiter, jedoch mit einer modernen und hochgedämmten Fassade mit einer Dreifachverglasung und außen liegendem Sonnenschutz. Durch seine Pavillonstruktur weckt er Assoziationen an die japanische Baukultur. Heizung und Kühlung erfolgen über eine Bauteilaktivierung der Stahlbeton-Verbunddecke. Eine Grundwasser-Wärmepumpe wird durch die neue 250kWp-Photovoltaik-Anlage auf dem Dach versorgt und ermöglicht eine CO_2-freie Wärmeerzeugung. Die gesetzlichen Energieeinspar-Vorgaben wurden übererfüllt und ein KfW-55-Effizienzhaus umgesetzt.

Neben der feingliedrigen und aufgelockerten Struktur des Baukörpers nach außen unterstreicht auch die innere Gestaltung den freundlichen Ausdruck des Verwaltungsbaus. Homogen schließt im Innenraum das Zugefügte an das Bestehende an. Der einheitliche Baukörper umfasst Arbeitsplätze, Besprechungs- sowie Sozialräume. Die informelle Kommunikation zwischen MitarbeiterInnen soll durch die zentrale Anordnung der gemeinschaftlich genutzten Funktionen wie Teeküchen oder Sanitärräume in der Nähe des Foyers gefördert werden. In nur sehr feinen Unterschieden differieren Flurwände, Glasgeländer und Fassade zwischen Bestand und Neubau. Die Büros haben eine Achsbreite von 4,8 m und können entweder als Doppelbüro oder als Einzelbüro mit Besprechungsbereich genutzt werden. Im Anbau wurde das Ausbauraster des Bestands, mit 1,2 m Achsmaß, übernommen und bei der Haustechnik mit eingeplant. Aufgrund der Ausbau-Flexibilität werden auch künftig Fachbereichs-Umverteilungen und Raumänderungen unkompliziert umsetzbar sein.

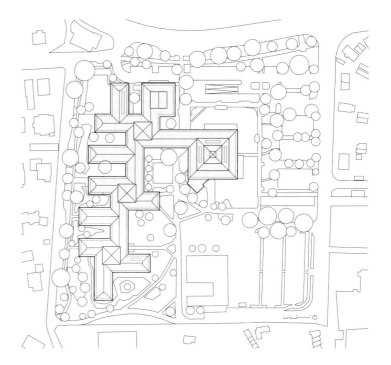

Auer Weber

02

02 Ausgeführt in einer modularen, hybriden Tragkonstruktion aus Lärche-Brettschichtholz und einer Stahlbetonverbunddecke orientiert sich der Neubau an dem Bestand. **03** Die Erweiterung wurde so konzipiert, dass der Anbau sowohl in seiner äußeren als auch inneren Gestalt weitestgehend dem Bestand gleicht und kein Bruch zwischen Bestehendem und Zugefügtem entsteht. **04** Grundriss Erdgeschoss

03

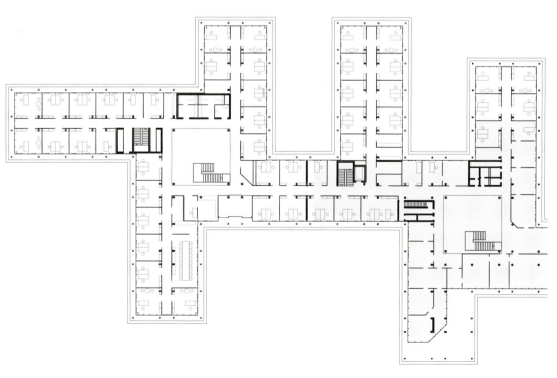
04

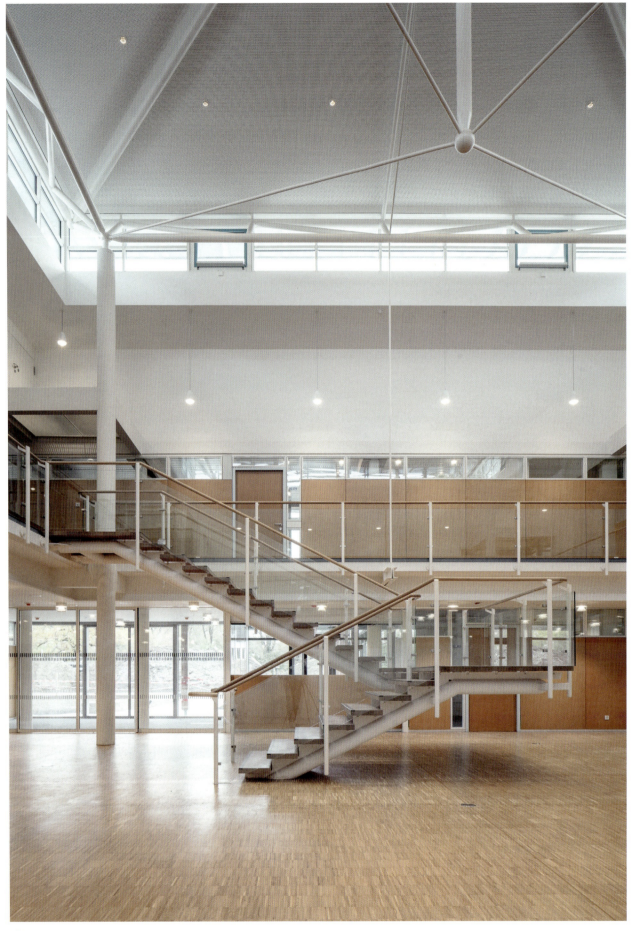

05

06

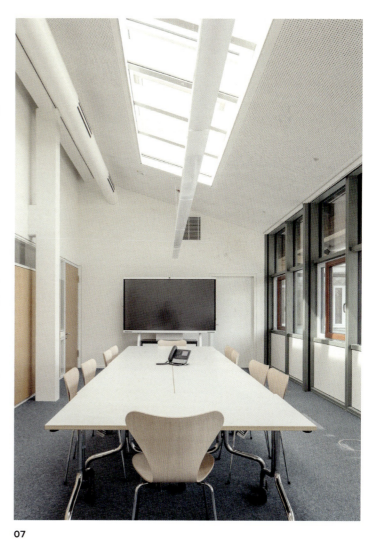

07

05 Nach außen wie innen zeigt sich der Verwaltungsbau als moderne und offene Behörde, die die BürgerInnen freundlich aufnimmt. **06** Homogen schließt im Innenraum das Zugefügte an das Bestehende an. **07** Fraktionszimmer und weitere gemeinschaftlich genutzte Funktionen sind zentral in Nähe des Foyers angeordnet, um die informelle Kommunikation der MitarbeiterInnen zu stärken.

Haupt- und Busbahnhof Wuppertal

JSWD Architekten
2019

Architektur **JSWD Architekten** Baujahr **2019** Fläche **26.500 m²** Bauherr **WSW Wuppertaler Stadtwerke für die Stadt Wuppertal** Standort **Johannes-Rau-Platz 1, 42275 Wuppertal** Bauleitung **Gössler Kinz Kerber Kreienbaum Architekten** Tragwerksplanung **Hensel Ingenieure GmbH** Brandschutz **bft Cognos** Akustik und Wärmeschutz **Hansen Ingenieure** Verkehrsplanung **BSV Büro für Stadt- und Verkehrsplanung** Landschaftsplanung (Ausführung) **Bruun & Möllers GmbH & Co. KG** Landschaftsplanung (Wettbewerb) **RMP Stephan Lenzen** Fotografie **Axel Hartmann; Christa Lachenmaier**

Der Döppersberg im Stadtteil Elberfeld mit seinem Hauptbahnhof ist als Verkehrsknotenpunkt fest in der Geschichte Wuppertals verankert. Ab den 1960er-Jahren dominierte der Straßenverkehr den Standort. Die stark befahrene Bundesstraße 7 bildete eine bauliche, sichtbare und hörbare Grenze, die nur durch eine niedrige und dunkle Unterführung überwunden werden konnte. Das Architekturbüro *JSWD* hat eine tiefgreifende Neugestaltung dieses Areals vorgenommen. Über die tiefer gelegte B7 führt nun eine Fußgängerbrücke, flankiert von Einzelhandelsflächen, über einen Vorplatz in eine neue Bahnhofsmall. Eine markante Geländekante gliedert den Platz in zwei Ebenen: eine obere auf dem Niveau der Bahngleise und des neuen Busbahnhofs, eine untere auf dem Niveau der Innenstadt. Die Geländekante bildet gleichzeitig die Fassade der neuen Shopping-Mall und eines Parkhauses. Die Natursteinfassade aus Kalksandstein erinnert einerseits an die ursprüngliche Felslandschaft und harmoniert andererseits mit dem historischen Empfangsgebäude des Hauptbahnhofs. Perforationen in der Fassade belichten und belüften die dahinter liegende Tiefgarage und Teile der Mall.

Im Inneren prägen robuste Materialien wie Stahl und Sichtbeton die Mall. Weiße, skulpturale Stützenbündel, die wie überdimensionale Vogelnester wirken, verleihen dem Durchgangsort eine angenehme Aufenthaltsqualität. Die Stützen sind ringförmig um Oberlichter angeordnet, durch die sanftes Tageslicht einströmt. Großzügig verglaste Fassadenelemente lassen das Gebäudeinnere mit dem Stadtplatz verschmelzen.

Das Motiv der Stützenbündel findet sich als verbindendes Element auch bei den Bussteigdächern wieder. Hier ruhen auf ihnen die luftkissenartigen Dächer, die den Fahrgästen Schutz vor Witterung bieten. Der Busbahnhof ist vom Hauptbahnhof aus ebenengleich und barrierefrei zu erreichen. Der Verbindungsweg auf dem oberen Platzniveau empfängt die Reisenden mit einem begrünten Stadtbalkon, der spannende Aussichten und Fernblick in die Innenstadt ermöglicht.

Die Umgestaltung des Bahnhofsareals Wuppertal-Döppersberg repräsentiert einen bedeutenden Fortschritt in der Stadtentwicklung, indem sie einen auf den motorisierten Straßenverkehr ausgerichteten Verkehrsknotenpunkt in einen attraktiven und funktionalen öffentlichen Raum verwandelt. Durch innovative architektonische und städtebauliche Lösungen wurde der Verkehrsfluss optimiert und gleichzeitig einladende öffentliche Räume geschaffen. Die harmonische Integration der historischen Elemente mit moderner Architektur unterstreicht die Bedeutung dieses Projektes.

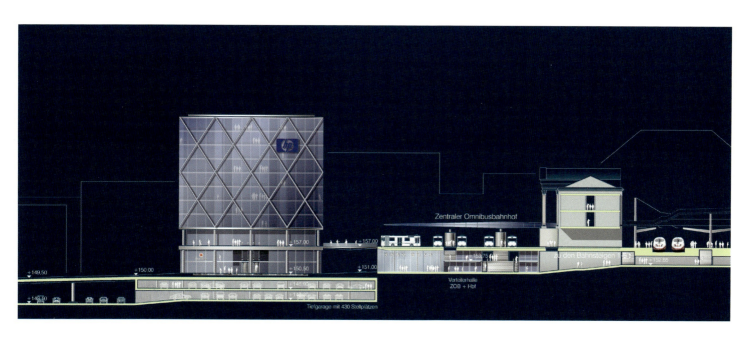

JSWD Architekten

02

02 Der Neubau setzt eine präzise Raum- und Geländekante und schafft zwei Ebenen: eine untere auf dem Niveau der Innenstadt sowie eine obere auf Höhe der Gleise des Hauptbahnhofs und des neuen Busbahnhofs. **03** Die Dächer des Busbahnhofs erinnern an schwebende Luftkissen.

03

04

04 + 06 Weiße, beinahe skulptural wirkende Stützenbündel aus Stahl erinnern an überdimensionale Vogelnester und verleihen dem Durchgangsort eine angenehme Aufenthaltsqualität. Die leicht schräg stehenden Stützen sind ringförmig um Oberlichter angeordnet, über die sanftes Tageslicht in den Innenraum fällt.
05 Im Außenbereich sind die Stützen und Bussteigüberdachungen aluminiumfarben gehalten und harmonieren mit dem Sichtbeton der Stützwand.

05

06

Rathaus Sinzing

Blasch Architekten Regensburg

2019

Architektur **Blasch Architekten Regensburg** Baujahr **2019** Fläche Neubau **643 m² NF**, Fläche Altbau **385 m² NF** Bauherr **Gemeinde Sinzing** Standort **Fährenweg 4, 93161 Sinzing** Tragwerksplanung **Rischer Ingenieure** HLS-Planung **IB Dickert** Elektroplanung + Beleuchtung **IB Richthammer** Brandschutz **IB Kölbl** Energieberatung **IB Keil** SiGeKo **IB Fuchs** Fotografie **Manfred Blasch; Stefan Hanke**

Das Rathaus der Gemeinde Sinzing befindet sich hinter dem Bahndamm, der den Ort in zwei Bereiche teilt und ihn über einen Bahnhaltepunkt mit der Welt verbindet. Als Ergänzung zum historischen Rathaus entworfen, lässt der den Damm überragende Neubau das »untere« und »obere« Dorf optisch zusammenwachsen. Die Erweiterung der Rathausanlage stärkt deren Identität als zentrale Anlaufstelle für die BürgerInnen der Gemeinde und kombiniert repräsentativ Tradition und Moderne.

Das historische Rathaus und der moderne Neubau werden durch ein filigranes Stahl-Glas-Bauwerk verbunden. Die dunkelgrüne Fassade des Neubaus fügt sich harmonisch in das Grün der umgebenden Bäume ein. Ein geschosshohes Schriftband mit den Ortsnamen der Großgemeinde empfängt die BewohnerInnen und BesucherInnen.

Im Inneren prägen lichtdurchflutete Räume das Rathaus. Große Glasflächen integrieren die umgebenden Baumkronen optisch und schaffen eine angenehme Raumatmosphäre. Die Verwaltungsräume sind entlang einer linearen Flurzone angeordnet, was eine optimale Orientierung und schnelle Auffindbarkeit der jeweiligen Anlaufpunkte für die BürgerInnen gewährleistet. Im Neubauteil der Rathausanlage befindet sich das großzügige Bürgerbüro, während die Geschäftsleitung und das Bürgermeisteramt im ersten Obergeschoss situiert sind. Der Sitzungssaal im obersten Geschoss, der auch als Trausaal genutzt wird, bietet mit seiner attraktiven Sichtholz-Dachkonstruktion einen beeindruckenden Panorama-Ausblick über Sinzing und das umliegende Laber- und Donautal.

Das Rathaus ist barrierefrei und rollstuhlgerecht gestaltet. Eine gläserne Aufzugsanlage erschließt alle Raumflächen im Neu- und Altbaubereich. Ein Blindenleitsystem im Eingangsbereich erleichtert die Orientierung für Sehbehinderte und ein Induktionssystem im Sitzungssaal unterstützt hörbehinderte BesucherInnen. Das Gebäude wird energetisch nachhaltig über eine Grundwasser-Wärmepumpe beheizt. Ein Fußbodenheizsystem ermöglicht im Sommer eine kühlende Temperierung der Büroflächen. Zudem kann das Gebäude an heißen Sommertagen über ein automatisch gesteuertes Nachtauskühlungssystem ohne Energieaufwand heruntergekühlt werden.

Die moderne Architektur des Neubaus und die behutsame Renovierung des historischen Rathausgebäudes symbolisieren das Image einer modernen, zukunftsorientierten Gemeinde, die gleichzeitig die traditionellen Werte ihrer Entwicklungsgeschichte achtet.

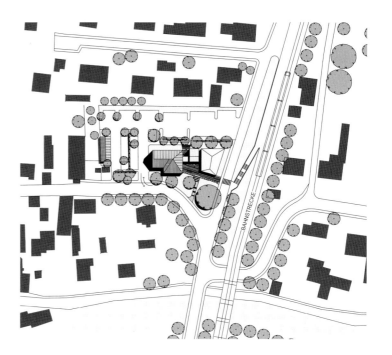

Blasch Architekten Regensburg

02

03

04

05

02 Altbau und Neubau sind über ein filigranes Stahl-Glas-Bauwerk miteinander verbunden. **03** Mit seiner dunkelgrünen Fassade fügt sich der Neubau harmonisch in das Grün der das Rathausareal umgebenden Großbäume ein. **04** Das geschosshohe, über die ganze Gebäudebreite verlaufende Schriftband mit den einzelnen Ortsnamen der Großgemeinde empfängt die BewohnerInnen und BesucherInnen von Sinzing repräsentativ am Bahn-Haltepunkt. **05** Ansicht

Blasch Architekten Regensburg

06

07

06 Der neue Sitzungssaal, der gleichzeitig als Trausaal dient, bietet im obersten Geschoss des Erweiterungsneubaus einen beeindruckenden Panorama-Ausblick über die Gemeinde Sinzing bis weit in das Laber- und Donautal hinein. **07** Für den eingehausten Verbindungssteg in Richtung Altbau wurde eine Fensteröffnung in der historischen Fassade als Durchgang umgenutzt. Auf den Glasdächern des Verbindungsganges zeigen gelbe Folieneinlagen die Erbauungszeitpunkte von Alt- und Neubau an und sorgen für eine sonnige Raumstimmung. **08** Sich ständig verändernde Licht- und Schattengrafiken werden über die Details der Fenster- und Fassadengestaltung produziert und in den Innenräumen erlebbar.

08

Blasch Architekten Regensburg

Rathaus Oberndorf

MEGATABS architekten

2018

Architektur **MEGATABS architekten ZT GmbH** Mitarbeiter **Mathias Groisböck, Tina Magerling, Matthäus Stracke, Patricia Hora, Kerstin Jahn, Benjamin Fellner, Daniel Pannacci** Baujahr **2018** Fläche **2.325m² BGF** Bauherr **Stadtgemeinde Oberndorf** Standort **Färberstraße 4, 5110 Oberndorf bei Salzburg** Tragwerksplanung Zivilingenieur **DI Johann Lienbacher** Projektmanagement **die salzburg reg.Gen.m.b.H.** Bauphysik **DI Graml Ziviltechnik** Haustechnik **Kuster Energielösungen GmbH** Elektrotechnik **Pürcher Engineering TB Büro & Pürcher Planungs GmbH** Brandschutz **Golser Technisches Büro GmbH** Fotografie **Hertha Hurnaus**

Mit dem »Rathaus Oberndorf« haben *MEGATABS architekten* ein modernes und offenes Bürgerservicezentrum geschaffen, das sich als »Neue Mitte« in die Stadtgemeinde integriert. Durch seine klare Identität und Funktionszuweisung fügt sich der dreigeschossige Baukörper harmonisch in die gewachsene Dorfstruktur ein und vervollständigt das homogene Ortsbild. Die maßstäbliche Dimensionierung und die gewählte Dachform greifen ortstypische Merkmale auf und bilden gleichzeitig durch ihre markante Geometrie einen bewussten Kontrast zum Freiraum. Ein Vorplatz im Süden erweitert die öffentlichen Freiflächen des angrenzenden Stadtparks und bildet eine klare und witterungsgeschützte Eingangssituation zum Rathaus. Hier werden die BürgerInnen in einem geschossübergreifenden Foyer empfangen, das als kommunikatives Zentrum des Gebäudes fungiert und hohe innenräumliche Qualitäten schafft. Ein Einschnitt an der Südfassade zieht den Außenraum bis in das Gebäudeinnere und schafft eine optimale Belichtungssituation.

Das Atrium, Lufträume und Verkehrsflächen gliedern die Funktions- und Verwaltungsbereiche und ermöglichen kurze Erschließungswege sowie optimale Arbeitsabläufe. Der multifunktionale Sitzungssaal im Erdgeschoss ist vom Bürgerservicebereich getrennt und kann unabhängig für Veranstaltungen genutzt werden. In den Obergeschossen befinden sich die Räumlichkeiten des Bürgermeisters und der Verwaltungsorgane, die durch eine zentrale Erschließungsachse und Lufträume gegliedert werden. Die Verkehrsflächen selbst münden dabei in offene Aufenthaltszonen, die als großzügige und lichtdurchflutete Wartebereiche ausgestaltet sind.

Besonderes Augenmerk wurde bei der Konzeption und Planung auf Nachhaltigkeit in Errichtung und Betrieb gelegt. Die Beheizung und Kühlung erfolgt über eine thermische Bauteilaktivierung, die die Speichermassen des Massivbaus optimal ausnutzt. Eine kontrollierte Be- und Entlüftung aller relevanten Aufenthaltsbereiche mit hocheffizienter Wärmerückgewinnung und modernster Regelungstechnik reduziert den Energieverbrauch auf ein Minimum und sichert einen hohen Komfort für alle Nutzergruppen. Das Rathaus wird im Nahwärmeverbund mit dem Neubau des Schulzentrums Oberndorf versorgt, wobei eine dort installierte Grundwasserwärmepumpe die Heiz- und Kühlenergie liefert. Die auf dem Schuldach installierten Photovoltaik- und Solarthermieanlagen sorgen zudem für einen besonders energieeffizienten Betrieb und nutzen Synergieeffekte optimal aus.

Insgesamt präsentiert sich das Rathaus Oberndorf als ein gelungenes Beispiel für eine zeitgemäße und nachhaltige Architektur, die den Bedürfnissen der BürgerInnenschaft gerecht wird und gleichzeitig die historischen und ortstypischen Merkmale der Umgebung respektiert.

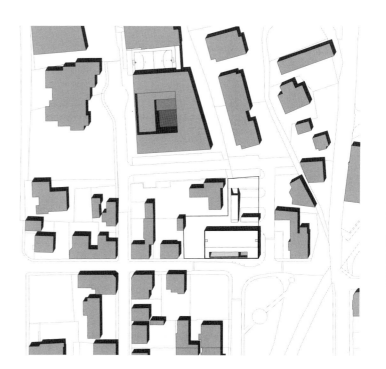

MEGATABS architekten

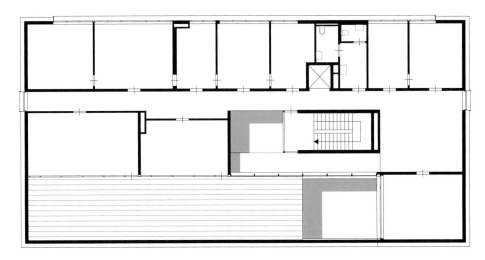

02

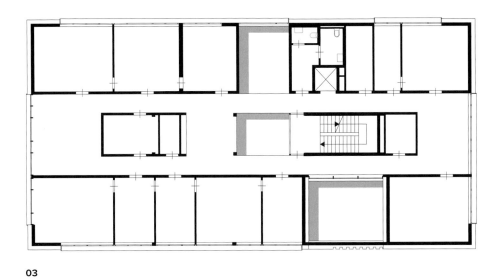

03

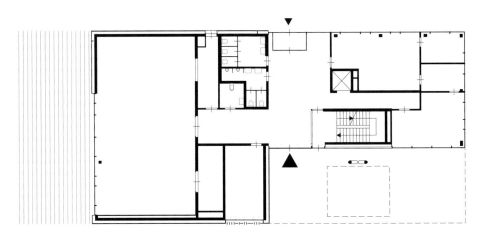

04

02 Grundriss 2. OG **03** Grundriss 1. OG **04** Grundriss EG **05** Mit dem rückspringenden Erdgeschoss wurde eine klar ablesbare und witterungsgeschützte Eingangssituation ausgebildet. **06** Schnitt

05

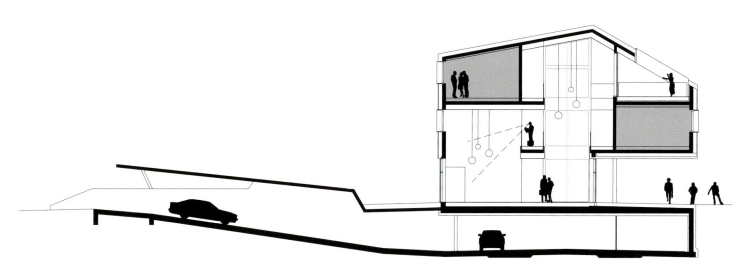

06

07

08

07 Der Innenraum zeichnet sich durch ein hohes Maß an geschossübergreifender Transparenz, Offenheit und Übersichtlichkeit aus. Die Verkehrsflächen münden dabei in offene Aufenthaltszonen, die als großzügige und lichtdurchflutete Wartebereiche ausgestaltet sind. **08** Der multifunktionale Sitzungssaal im Erdgeschoss ist unabhängig vom Bürgerservice für Sitzungen und externe Veranstaltungen nutzbar. **09** Eine abwechslungsreiche Abfolge von Ein-, Aus- und Durchblicken erzeugt eine hohe innenräumliche Qualität.

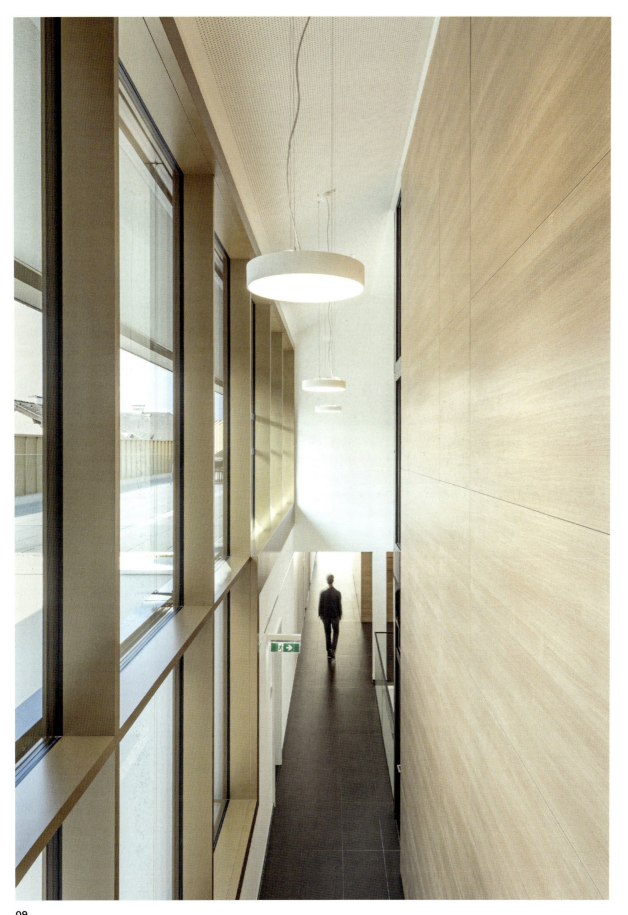

BÜRGERZENTRUM BÖHEIMKIRCHEN

NMPB Architekten
2018

Architektur, Generalplanung, ÖBA und Innenraumgestaltung **NMPB Architekten ZT GmbH** Projektarchitekt **Sascha Bradic** Baujahr **2018** Fläche **2.900 m² BGF** Bauherr **Gemeinde Böheimkirchen** Standort **Marktplatz 2, 3071 Böheimkirchen** Tragwerksplanung **FCP ZT GmbH** Bauphysik **Clemens Häusler** Auszeichnung **Bauherrenpreis 2018, Nominierung** Fotografie **Hertha Hurnaus**

Im Ortskern von Böheimkirchen, einer aufstrebenden Wachstumsgemeinde und bedeutendem Verbindungspunkt zwischen Niederösterreich und Wien, haben *NMPB Architekten* das bestehende historische, unter Denkmalschutz stehende Rathaus saniert und um einen zeitgemäßen Neubau ergänzt. Das neue Bürgerzentrum vereint Gemeindeverwaltung, Bürgerservice, Stadtbibliothek und Veranstaltungszentrum unter einem Dach und initiiert so eine Aktivierung des Ortskerns.

Das Bestandsgebäude wurde in enger Abstimmung mit dem Denkmalamt saniert und die Fassade in ihrer gestaltgebenden Charakteristik erhalten, sodass sie weiterhin als wesentliches Element des Ortskerns wirkt. Der Neubau mit seiner offenen Glasfassade steht sinnbildlich für die transparente und bürgernahe Gemeindeverwaltung und fügt sich harmonisch in den Ortskern ein. Die Wirkung des historischen Rathauses wird durch den formalen Kontrast zum Neubau verstärkt.

Im Inneren des Bürgerzentrums erwartet die BesucherInnen ein großzügiges Foyer, das als Verteiler für den Bestand und den Neubau dient. Das Foyer vermittelt zwischen Alt und Neu und verbindet den ortsbildprägenden Niveauunterschied zwischen Marktplatz und Kirchenplatz barrierefrei mittels Lift und großzügiger Treppenanlage. Das erste Obergeschoss beheimatet die Gemeindeverwaltung, einen modernen Sitzungssaal sowie die Stadtbibliothek. Diese besticht durch eine warme, helle Holzverkleidung und ermöglicht spannende Blickbeziehungen zwischen Ort und Bibliothek sowie zwischen Leseerker und Marktplatz. Die Veranstaltungsebene im zweiten Obergeschoss bietet Raum für verschiedene Veranstaltungen und Feiern und ist mit Garderobe, Technik, Toiletten, einer Küche für Catering und einem eigenen Ausschank ausgestattet. Die barrierefrei zugängliche Dachterrasse dient als gemeinsamer »Bürgerinnen- und Bürgerbalkon«. Darüber hinaus steht im sanierten und ausgebauten Dachraum des alten Rathauses nun ein moderner Trauungssaal für das Standesamt zur Verfügung.

Konstruktiv wurde der Neubauteil des Bürgerzentrums mit einer Stahlbeton-Hauptkonstruktion errichtet, wodurch wirtschaftlich hohe Spannweiten geschaffen und ein flexibler Grundriss entwickelt werden konnte. Das gesamte Gebäude erreicht Energiekennwerte der Klasse A, wobei der Neubauteil mit einer passivhausfähigen Hülle konzipiert wurde und Energiekennwerte der Klasse A+ bis zu A++ erreichen kann.

NMPB Architekten haben mit dem Bürgerzentrum Böheimkirchen eine gelungene Verbindung von Tradition und Moderne geschaffen, die den Bedürfnissen der wachsenden Gemeinde und Verwaltung gerecht wird und gleichzeitig die prägenden Merkmale des Ortes respektiert. So ist ein Ort des Austausches und der Begegnung für die Bürgerinnen und Bürger von Böheimkirchen entstanden, der zur nachhaltigen Entwicklung des Ortskerns beiträgt.

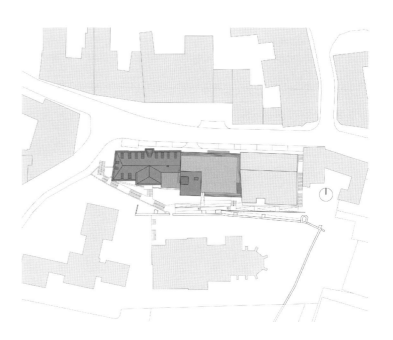

NMPB Architekten

02

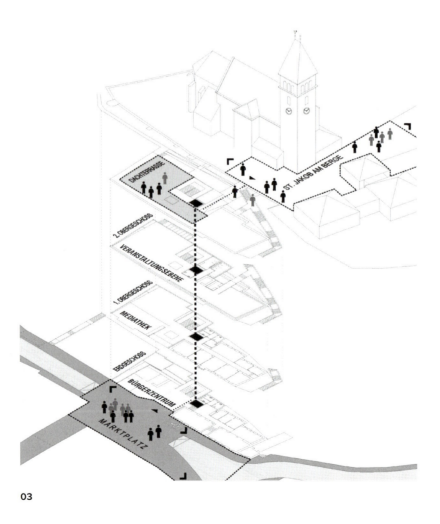

03

02 Durch den formalen Kontrast des zeitgemäßen Neubaus wird das Bestandsgebäude des Rathauses und dessen Fassade in seiner Wirkung erhalten und gestärkt und bleibt somit als Bild des Ortsgedächtnisses lesbar. **03** Erschließung **04+05** Ein neues großzügiges Foyer dient als Drehscheibe und Verteiler für den Bestand und Neubau.

04

05

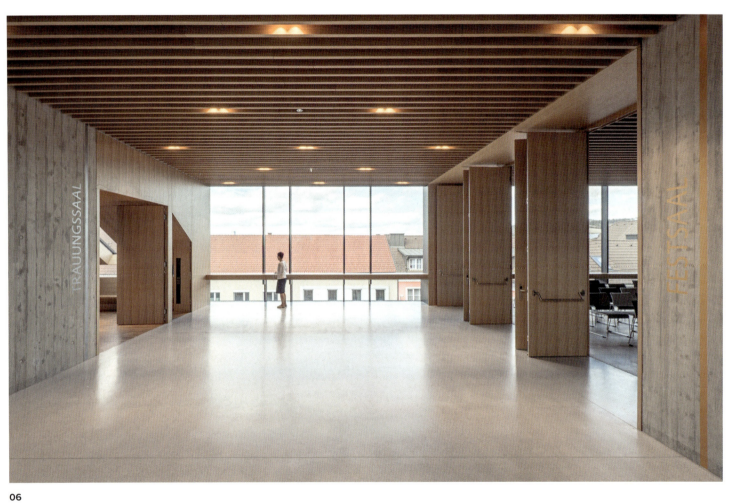

06

06 Das zweite Obergeschoss ist als großzügige, verschieden schaltbare Veranstaltungsebene konzipiert. **07** Im sanierten und ausgebauten Dachraum des alten Rathauses befindet sich nun ein moderner Trauungssaal für das Standesamt. **08** Die Schaffung eines transparenten und bürgernahen Gemeindezentrums mit größtmöglichen hellen, flexiblen Räumen war das übergeordnete Leitmotiv des Entwurfs.

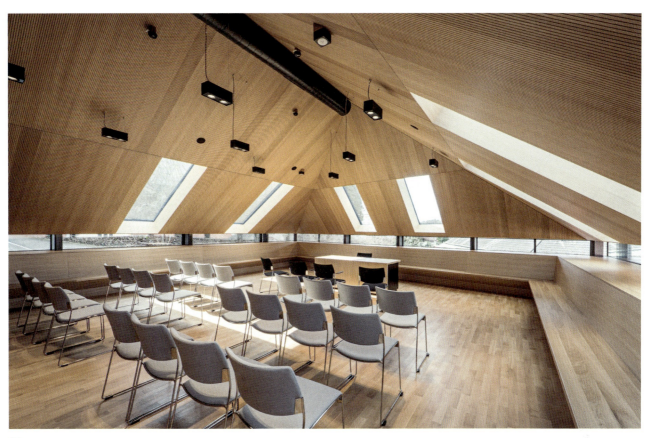

07

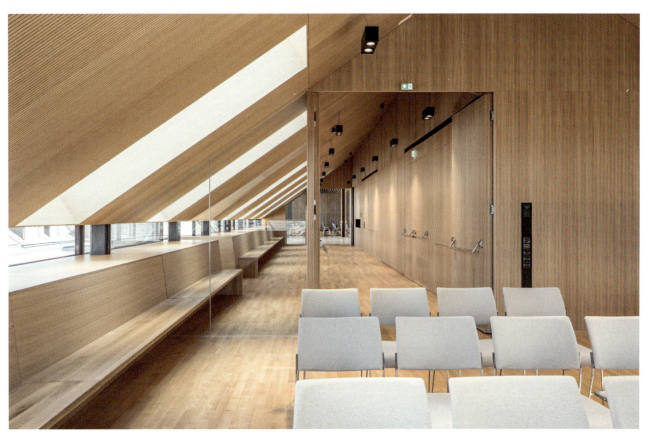

08

Erneuerung Westflügel Bahnhof Basel SBB

ARGE Roost / Menzi Bürgler
2021

Architektur **ARGE Roost / Menzi Bürgler** Baujahr **2021** Fläche **16.680 m²** Bauherr **SBB Immobilien Development Bahnhöfe** Standort **Centralbahnstrasse 10, 4051 Basel** Tragwerksplanung **WAM Planer und Ingenieure AG** HLKK-Planung **Waldhauser + Hermann AG** Sanitärplanung **Gruner Gruneko AG** Elektroplanung **Actemium Schweiz AG** Bauphysik **Bakus Bauphysik & Akustik GmbH** Lichtplanung **Reflexion AG** Fotografie **Caspar Martig; Yohan Zerdoun**

Mit umfassenden Erneuerungen im denkmalgeschützten Bahnhof Basel entwickelten die ArchitektInnen von der *ARGE Roost / Menzi Bürgler* das historische Gebäude zu einem multifunktionalen Ort weiter. Das ursprünglich 1907 realisierte Bauwerk wurde jetzt mit weitreichender Substanz- und Strukturerhaltung im Einklang mit den denkmalpflegerischen Vorgaben erneuert und saniert.

Im sorgfältigen Entwurf des denkmalgeschützten Westflügels des Aufnahmegebäudes nahm die Rekonstruktion des zweigeschossigen Quergangs im Erdgeschoss eine besondere Rolle ein. Er verbindet die Haupthalle des Bahnhofs und die Halle im Westflügel, während in den Querachsen des Verbindungsgangs zusätzlich der ursprüngliche Bezug zu den Gleisen wiederhergestellt werden konnte. Beide Wartesäle sowie die Säle der ursprünglichen Bahnhofsgastronomie in der Halle des Westflügels blieben in ihrer historischen Substanz erhalten. Das Entfernen bestehender Zolleinbauten bewirkte hier, dass eine Nutzung der anliegenden Räume wieder möglich ist.

Alle getätigten Eingriffe wurden additiv gestaltet. Sie weichen vor der historischen Bausubstanz zurück und lassen beim Betrachten Original, Rekonstruktion und Erneuerung klar unterscheiden. Details wie der Entwurf von Leuchtkörpern und die Nachbildung der historischen Türdrücker veranschaulichen das Feingefühl für die Aufgabe und den Ort.

Eine erweiterte Nutzfläche, ausformuliert als Wintergarten unter dem Perrondach, dem Bahnsteigdach, unterstreicht an der Südfassade den Bezug zum Geschehen an den Gleisen. Neben einer großflächigen Unterkellerung der historischen Substanz im Untergeschoss wurden auch in den oberen Etagen neue zusätzliche Dienstleistungsflächen geschaffen. Um bestehende Lichthöfe organisierten die ArchitektInnen weitere Flächen und gestalteten somit einen Ort für attraktive Einkaufs- und Dienstleistungsangebote.

Auf diese Weise gelang es, den Westflügel des Bahnhofs Basel als kommerziellen Standort zu etablieren und gleichzeitig als qualitätsvollen Aufenthaltsort zu entfalten. Die exakte und vielschichtige Architektursprache, mit der die ArchitektInnen auf das historische Bauwerk antworten, zeigt sich im großen wie im kleinen Maßstab in der Sanierung und Erneuerung der Substanz.

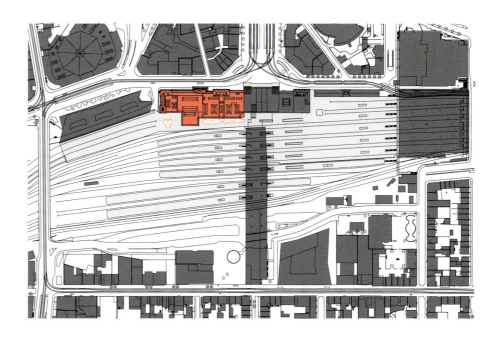

ARGE Roost / Menzi Bürgler

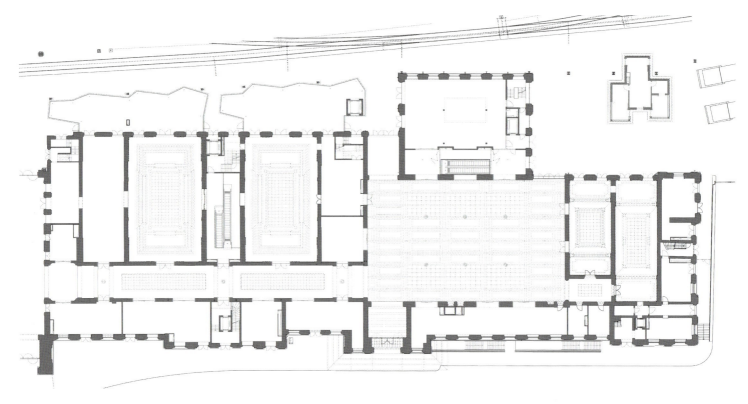

02

03

04

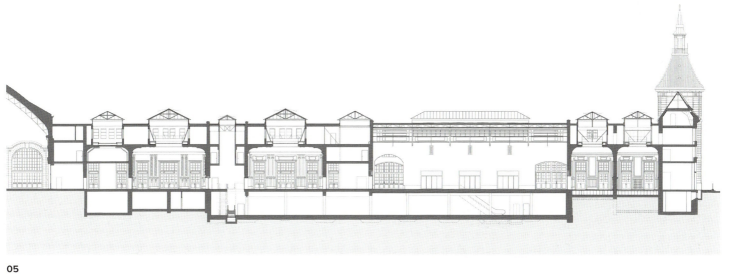
05

ARGE Roost / Menzi Bürgler

02 Grundriss Erdgeschoss **03** Das 1907 errichtete Bauwerk des Bahnhofs Basel wurde mit einem ausgeprägten Feingefühl für Aufgabe und Ort erneuert und saniert. **04** An der Südfassade wurde unter dem Perrondach ein Wintergarten erstellt, der als erweiterte Nutzfläche mit Bezug zu den Gleisen dient. **05** Schnitt

06

06 Die Haupthalle des Bahnhofs und die Halle des Westflügels wurden durch die Rekonstruktion des zweigeschossigen Quergangs im Erdgeschoss verknüpft.
07 Auch im Entwurf der Leuchtkörper in der Halle des Westflügels zeigt sich der respektvolle, zurückhaltende Umgang mit der Substanz. **08** Die anliegenden Räume in der Halle des Westflügels sind durch das Entfernen der bestehenden Zollbauten wieder nutzbar.

07

08

ARGE Roost / Menzi Bürgler

K.2 Schutz & Versorgung

Schutz und Gefahrenabwehr sind ebenso wie die Sicherstellung von Energie- und Gesundheitsversorgung zentrale Bestandteile der Infrastruktur des öffentlichen Lebens. Während sich Kliniken, Feuerwehrwachen und Polizeireviere traditionell durch eine eher zurückhaltende, funktionale und ökonomische Bauweise auszeichnen, demonstrieren die hier präsentierten Projekte vielfältige Wege, diese wichtigen gesellschaftlichen Funktionen auch architektonisch angemessen zur Geltung zu bringen. Eine enge Abstimmung mit den zukünftigen NutzerInnen ist dabei für einen erfolgreichen Planungsprozess unerlässlich. Funktionsabläufe müssen in eine effiziente räumliche Gestaltung übersetzt und fordernde Tätigkeiten durch gesunde Arbeitsumgebungen unterstützt werden. Gerade im Gesundheitswesen gilt es, helle, freundliche Räume zu schaffen, die PatientInnen ein Gefühl der Sicherheit und Geborgenheit vermitteln.

KLINIK FLORIDSDORF

Albert Wimmer ZT-Gmbh

2018

Architektur **Albert Wimmer ZT-GmbH** Baujahr **2018** Fläche **218.000 m² BGF** Bauherr **Magistrat der Stadt Wien, Wiener Gesundheitsverbund** Standort **Brünner Straße 68, 1210 Wien** Statik **Arge Fröhlich & Locher und Partner ZiviltechnikergesmbH** HKLS + Elektro **Arge TB ZFG-Projekt GmbH, TB Eipeldauer + Partner GmbH** Medizintechnik **Zivilingenieurbüro DI Zach** Bauphysik **Dr. Pfeiler GmbH** Brandschutz **brandRat ZT GesmbH** Betriebsorganisation+ FM **Ebner Hohenauer HC Consult** Logistikplanung **process design consultants DI Micheli GmbH** FTS + Rohrpost + Aufzüge + Fahrtreppen + Küchen **MMG Ingenieurgesellschaft für Materialmanagement mbH** Verkehrsplanung **Rosinak & Partner ZT-GmbH** Landschaftsarchitektur **Martha Schwartz Partners** / Umsetzung 3:0 Landschaftsarchitektur Fotografie **Rupert Steiner; Gebhart de Koekkoek; Hubert Dimko; Albert Wimmer ZT-GmbH**

Das Team von *Albert Wimmer ZT-GmbH* entwirft mit der »Klinik Floridsdorf« einen völlig neuen Typus des kommunalen Krankenhauses. Unter der Vision »patient comes first« ordnet sich die gesamte Planung des Spitals der neuen Organisation von Stationen und Abteilungen unter, die dabei die PatientInnen und die Erhaltung ihrer Würde und Individualität in den Mittelpunkt aller räumlichen Überlegungen stellt und damit eine besondere Qualität der medizinischen Versorgung ermöglicht.

Eine großzügige Piazza mit hohem Aufenthaltswert führt die BesucherInnen vom Straßengeschehen der Brünner Straße zum Krankenhaus. Den Platz begrenzen die zwei Gebäudeteile »Mars« und »Venus« und der Versorgungstrakt im Norden. Eine mehrgeschossige Eingangshalle mit zahlreichen Geschäften eröffnet sich den BesucherInnen hinter dem Hauptgang. Die zweigeschossigen Leitwände des Nord- und Südflügels flankieren den Weg von der Piazza über die Eingangshalle bis hin zum Kernspital. Sichelförmig verlaufen die oberen drei Geschosse des Gebäudeteils Venus darüber und verbinden beide Flügel des Eingangs zu einem Ganzen. In der Verlängerung der Eingangshalle erstreckt sich die geradlinige Magistrale, die die Haupterschließungsachse des Gebäudes darstellt. Sie dient als Rückgrat der Ambulanztrakte und Diagnostikbereiche, die fingerartig entlang der Magistrale aufgereiht sind und deren jeweilige Leitstelle sich am Zugang zu den einzelnen medizinischen Bereichen befindet.

Vertikal ist das Quartier nach ihrer Frequentierung in drei Bereiche strukturiert. Über der stark frequentierten intensivmedizinischen Versorgung im Erdgeschoss und 1. OG befindet sich das wohnlich gestaltete und differenziert möblierte Promenadendeck mit Sonnenterrassen, das die zentrale Leitstelle, Forschungsinstitute, Dienstzimmer und das BesucherInnencafé beherbergt und einen bewussten Kontrast zur Klinikumgebung schafft. Die Bettentrakte mit geringerer Frequentierung werden im oberen Teil des Baukörpers eingerichtet.

Lichtdurchflutete Atrien bilden immer wiederkehrende grüne Pole im Inneren des Baukörpers. In jede Ambulanz des Spitals eingeschnitten, rhythmisieren die Innenhöfe das Gebäude und organisieren durch ihre Lichtversorgung räumliche Abfolgen. Die komplexe Megastruktur des Spitals, die 16 Ambulanzen umfasst, wird im Motiv des Atriums auf einen menschlichen Maßstab heruntergebrochen und dient Personal, BesucherInnen sowie PatientInnen als Wegweiser und Bezugspunkt. Neben Therapiebereichen, die den PatientInnen vorbehalten sind, wurden auch Zonen für naturnahe Begegnungs- und Rückzugsmöglichkeiten für PatientInnen, ihre Angehörigen sowie das Krankenhauspersonal geschaffen. Essentieller Bestandteil des Gesamtprojektes ist der als »Healing Garden« angelegte großzügige Landschaftspark, der sich auf der südlichen Seite an das Gebäude anschließt und das Bauwerk durchdringt.

Die zukunftsweisende Konzeption der neuen »Klinik Floridsdorf« behauptet sich durch den besonderen Stellwert des Wohlfühlcharakters für alle tätigen Berufsgruppen und die PatientInnen. Mit der Verbindung von technischer Innovation und nutzerInnenorientierten Maßnahmen wie Tageslicht für alle und weitläufige Grünflächen erfüllt das Team von *Albert Wimmer ZT-GmbH* die gesamtheitlichen Ansprüche einer nachhaltigen medizinischen Versorgung.

Albert Wimmer ZT-Gmbh

02

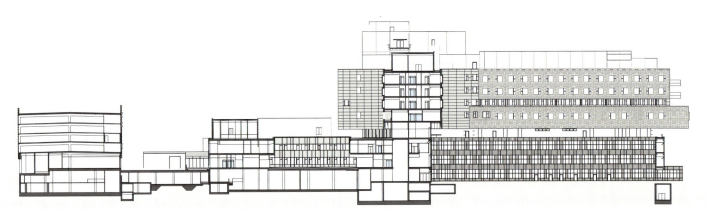

03

02 Abseits ihrer Funktion als Witterungsschutz für BesucherInnen nehmen die schirmförmigen Überdachungen in der urbanen Piazza eine Rolle als wichtiges städtebauliches Zeichen an der Schnittstelle zur Umgebung ein. **03** Schnitt, mit klarer Trennung als Funktionsabläufe und einem unterirdischen, automatisierten Transportsystem **04** Die als Gartenfinger ausgestalteten Zwischenhöfe lösen auch aus dem Inneren des Krankenhauses heraus eine beruhigende Wirkung auf die PatientInnen aus und sorgen mit der Reduktion von Stress sowie einer positiven Ablenkung vom Klinikalltag für eine schnellere Regeneration.

05

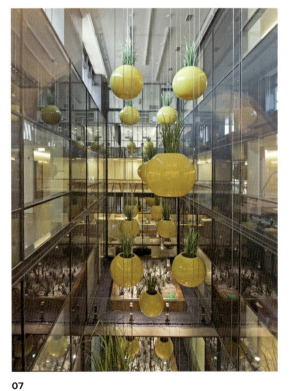

06 07

05 Die gradlinige Magistrale dient als Haupterschließungsachse des Gebäudes, an der sich die verschiedenen Ambulanztrakte aufreihen. Das eingeschnittene Atrium flutet die Magistrale mit Tageslicht. **06** Grundriss Zweibettzimmer **07** Lichtdurchflutete Atrien bilden immer wiederkehrende grüne Pole im Inneren des Baukörpers. **08** In der Klinik Floridsdorf sind nur Ein- und Zweibettzimmer errichtet. **09** Die Ausrichtung der Konzeption des Krankenhauses auf die Verbesserung der Qualität der Abläufe ließ neuartige Organisationskonzepte wie das OP-Zentrum im 1. OG und Intensivzentrum im EG entstehen.

08

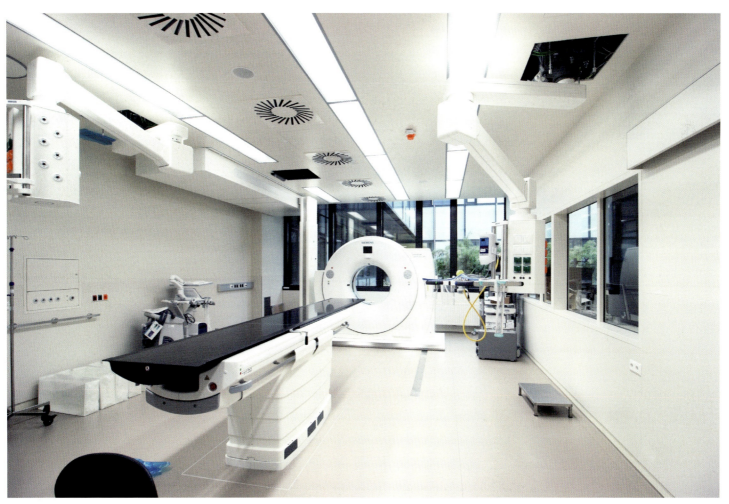

09

C2C Feuerwehrhaus Straubenhardt

wulf architekten

2022

Architektur **wulf architekten gmbh** Baujahr **2022** Fläche **3.996 m²** **BGF** Bauherr **Gemeinde Straubenhardt** Standort **Langenalber Straße 67, 75334 Straubenhardt** Projektsteuerung **FRANKE BAUR Ingenieurgesellschaft mbH** Bauleitung **2plus Baumanagement GmbH** Tragwerksplanung **f2k ingenieure gmbh** Landschaftsplanung **Ramthun Landschaftsarchitektur** Bauphysik **Hüttinger Bauphysik** Cradle to Cradle-Beratung **EPEA GmbH – Part of Drees & Sommer** Auszeichnungen **Hugo-Häring-Auszeichnung 2023 BDA Nordschwarzwald; Fritz-Bender-Baupreis 2022** Fotografie **Brigida González**

Durch eine intelligente und präzise Planung konnten die ArchitektInnen von *wulf architekten* das neue »C2C Feuerwehrhaus Straubenhardt« in einem kreislauffähigen Bauwerk als Rohstoffdepot verwirklichen. Der Neubau, der sechs bislang eigenständige Feuerwehrabteilungen vereint, besticht zudem durch sein charakteristisches Erscheinungsbild und überzeugt durch die geplante Wiederverwendbarkeit seiner Baustoffe langfristig.

Das Grundstück in Straubenhardt zeichnet sich durch seine strategisch günstige Lage sowie den stark abfallenden Verlauf der Geländekante aus. Die Qualitäten der Topografie nutzend fügt sich der Sockel des Baukörpers harmonisch in seine Umgebung ein. In einer vertikalen Stapelung erheben sich die differenzierten Nutzungsbereiche des Feuerwehrhauses über dem massiven Erdgeschoss und formen durch die starke Gliederung ein identitätsstiftendes Erscheinungsbild.

Eine Halle für Löschfahrzeuge und sämtliche für den Einsatz notwendige Funktionen sowie Lager- und Technikflächen werden in dem ebenerdigen Quader angeordnet, der sich einseitig öffnet und zur nördlich verlaufenden Straße hin rasch verlassen werden kann. Die offene Gestaltung und zwei Lichthöfe nehmen die umliegende Landschaft auf. Über eine außenliegende Rampe wird das Zwischengeschoss mit Parkflächen erreicht. Diese Fläche kann auch als Veranstaltungsfläche dienen, bietet dann Gelegenheit für den Austausch mit der Öffentlichkeit bei gemeinschaftlichem Beisammensein. Über der Wechselnutzungszone des Zwischengeschosses wird ein Holzbaukörper aufgeständert. Ein Schulungsraum, Büroflächen sowie weitere Gemeinschaftsräume für die 230 Feuerwehrleute erweitern das Raumangebot des Feuerwehrhauses im obersten Geschoss, das von einer homogenen weißen Streckmetallfassade umhüllt wird.

Durch eine konsequente Gestaltung in recyclefähigen Materialien nach dem Prinzip »Cradle to Cradle« wurde der Neubau als kreislauffähiges Bauwerk und somit als Rohstoffdepot verwirklicht. Der Verzicht auf Vernagelung, Klebstoffe, Anstriche oder Putze eröffnet die Möglichkeit, alle genutzten Bauteile wieder voneinander zu trennen und in den Stoffkreislauf zurückzugeben. Die Naturbelassenheit der Oberflächenmaterialien stiftet darüber hinaus ein angenehmes Raumklima.

Das neue Feuerwehrhaus, bundesweit einer der ersten »Cradle to Cradle«-Bauten, ist ein richtungsweisendes Gebäude, das mit seinem Vorbildcharakter als wichtiger Impulsgeber für zukünftige Entwicklungen wirkt.

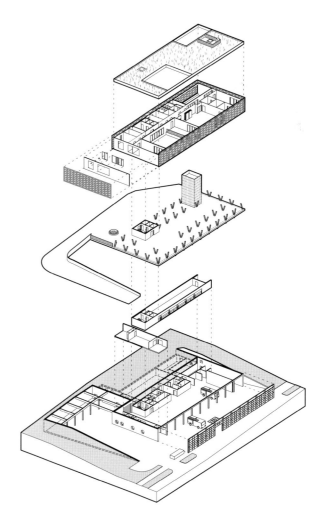

02

02 Die Halle für Löschfahrzeuge im massiven Sockel öffnet sich einseitig zur nördlich verlaufenden Straße. **03** Charakteristisch spiegelt sich die vertikale Stapelung der unterschiedlichen Nutzungsbereiche im äußeren Erscheinungsbild des Feuerwehrhauses wider. **04** Das oberste Geschoss liegt aufgeständert über der Wechselnutzungszone des Zwischengeschosses, das durch Flächen für Veranstaltungen zur Einbindung der Öffentlichkeit beiträgt.

03

04

wulf architekten

05

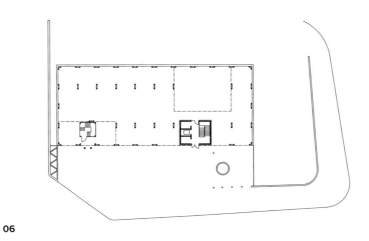

06

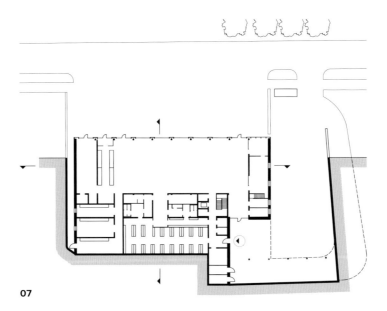

07

05 Grundriss 2. OG **06** Grundriss 1. OG **07** Grundriss EG **08** Balkone an den Kameradschaftsräumen fördern die Gemeinschaft der 230 Feuerwehrleute. **09** Die Naturbelassenheit der Oberflächenmaterialien stellt die Kreislauffähigkeit der Bauteile sicher und stiftet ein angenehmes Raumklima.

08

09

wulf architekten

Polizeirevier Schwäbisch Hall

BGF + Architekten
2018

Architektur **BGF + Architekten** Architektur LPH 6-8 **Wenzel + Wenzel** Baujahr **2018** Fläche **3.035 m²** Bauherr **Vermögen und Bau Baden-Württemberg, Amt Heilbronn** Standort **Salinenstraße 18, 74523 Schwäbisch Hall** Tragwerksplanung **R & P Ruffert Ingenieurgesellschaft mbH** Haustechnik HLS **Klett-Ingenieur-GmbH** Elektro **IB Metzger** Brandschutz **ce consult, Sachverständige für Brandschutz** Fotografie **Thomas Ott; Dietmar Strauß**

Das »Polizeirevier Schwäbisch Hall« ist ein markantes Gebäude, das die Präsenz der Polizei in der Stadt betont und sich gleichzeitig durch seine Natursteinfassade aus ortstypischem Crailsheimer Muschelkalk harmonisch in die historische Altstadtbebauung einfügt. Am nordwestlichen Stadteingang von Schwäbisch Hall gelegen, verfügt das dreigeschossige L-förmige Bauwerk über eine charakteristische Eckausbildung. Der Kopfbau mit gerahmter Doppelfassade stellt ein fesselndes visuelles Element mit hohem Wiedererkennungswert dar.

Durch eine Glasfuge in zwei Baukörper gegliedert, passt sich der Neubau dem Maßstab der historischen Altstadtbebauung an. Der gläserne Eingangsbereich und die großen Fenster vermitteln Transparenz und Offenheit. Die Fassade ist mit einer Vorsatzschale aus Crailsheimer Muschelkalk versehen, die den regionalen Baustoff in moderner Architektursprache zur Geltung bringt. Sie besticht durch Schlichtheit und Reduktion. Durch den Verzicht auf Blechfensterbänke und Attikableche kommt der grobe C 60-Schliff des Steins besonders zur Geltung. Die Fugen zwischen den Natursteinplatten sind ausgefugt und in der Farbe des Steins besandet, um das monolithische Erscheinungsbild zu unterstützen.

Das Gebäude wurde nach hohen Energiestandards mit einer Passivhaushülle errichtet. Diese Bauweise ermöglicht einseitig abgeschrägte Fensterlaibungen, die mit dem skulpturalen Charakter des Gebäudes spielen. Je nach Blickwinkel erscheinen die Fensteröffnungen schmaler oder breiter. Das Fassadenmaterial setzt sich im Eingangsbereich und der Glasfuge im Innenraum fort und betont so die Form des Baukörpers. Während sich das äußere Erscheinungsbild auf den Naturstein konzentriert, ist der Innenraum überwiegend weiß gehalten, was eine zurückhaltende Gestaltung ermöglicht und die Wertigkeit des Materials im Außenbereich hervorhebt.

Die Innenräume sind auf die Bedürfnisse moderner Polizeiarbeit zugeschnitten und umfassen verschiedene Verwaltungsräume, einen Besprechungsraum mit flexiblem mobilen Trennwandsystem und eine Leitstelle, die mit modernster Technik ausgestattet ist. Die Doppelfassade erlaubt eine Fensterlüftung in den Besprechungsräumen trotz Straßenverkehrs.

Gemeinsam mit dem Bauherrn *Vermögen und Bau Baden-Württemberg* und dem *Landeskriminalamt Baden-Württemberg* wurde mit dem »Polizeirevier Schwäbisch Hall« ein Zeugnis moderner Architektur und Funktionalität entwickelt, das sich nahtlos in das historische Stadtbild von Schwäbisch Hall einfügt.

02

03

04

02 Der prägnante Kopfbau mit gerahmter Doppelfassade schiebt sich dynamisch in den Straßenraum und betont den Eingang des Gebäudes. **03** Die hohe Dämmstärke der Passivhaushülle bietet den notwendigen Spielraum für ein weiteres Element der Fassadengestaltung: Einseitig abgeschrägte Fensterlaibungen spielen mit dem skulpturalen Charakter des Gebäudes. Die Fensteröffnungen wirken so je nach Blickwinkel schmaler oder breiter. **04** Der gläserne Eingangsbereich und die hohen Fensteranteile verleihen dem Polizeirevier Transparenz und Offenheit.

05

06

05+06 Durch die Farbe Weiß geprägt ist der Innenraum vorwiegend zurückhaltend gestaltet. **07** Neben diversen unterschiedlich gestalteten Verwaltungsräumen befindet sich im Gebäude ein Besprechungsraum, der sich durch den Einsatz eines mobilen Trennwandsystems je nach Situation flexibel anpassen lässt. **08** Die Leitstelle bildet das Herz des Gebäudes und ist mit modernster Technik ausgestattet.

07

08

Feuerwehr Hohenweiler

Heike Schlauch raumhochrosen

2019

Architektur **Heike Schlauch raumhochrosen** Baujahr **2019** Fläche **875 m² NF** Bauherr **Gemeinde Hohenweiler** Standort **Dorf 42, 6914 Hohenweiler** Projektleitung **Andreas Litschauer** Bauleitung + Projektmanagement + Projektsteuerung **pfanner plan+bau** Tragwerksplanung **pnstatik** Geotechnik **3P Geotechnik ZT GmbH** Heizung + Sanitär **Technisches Büro Herbert Roth** Lüftung **Dietrich Luft + Klima** Elektroplanung **ihm Elektrotechnik** Beleuchtung **XAL** Bauphysik **DI Bernhard Weithas** Vermessungswesen **Ender Vermessung** Grafik **Monika Rauch** Auszeichnungen **Architizer A+Awards 2020, Special mention; BIG See Architecture Award 2021, Winner; BLT Built Design Awards 2021 Winner, Public Infrastructure** Fotografie **Albrecht Imanuel Schnabel**

Das neue Feuerwehrhaus von Hohenweiler kennzeichnet mit einem zwölf Meter hohen Turm städtebaulich den Beginn des Ortszentrums innerhalb eines stark zergliederten Gemeindegebietes. Der Entwurf vereint Infrastrukturgebäude und Vereinsheim der Feuerwehr unter einem Dach und schafft zugleich ein Symbol für die Wertschätzung der Freiwilligenarbeit der Feuerwehrleute.

Der mit Schindeln verkleidete zweigeschossige Baukörper schließt nach Norden Richtung Ortszentrum und nach Osten Richtung der freien Weideflächen in einem Winkel ab, in dem der überhohe eingeschossige Garagentrakt liegt. Ein Turm in Stahlbeton mit Holzausfachung markiert die Ecke Richtung straßenseitigem Ortsausgang. Das Stahlbeton-Vordach über den Garagen spannt sich zwischen Turm und Kopfbau. Der Neubau ist in massiver Bauweise erstellt. Werkstätten- und Garagenbereiche bilden eine robuste und dauerhafte Kombination aus Beton und Stahl.

Im Inneren des Gebäudes offenbart sich eine durchdachte Raumlogik mit drei funktionellen Zonen: Während sich im Erdgeschoss der Garagen- und Werkstättentrakt mit vier Stellplätzen befindet, beinhaltet der leicht erhöhte und dem Geländeverlauf folgende Kopfbau das zweite Eingangsniveau mit Foyer und Bereitschaftsraum. Der anschließende Kommandoraum und Floriani orientieren sich mit einem durchgehenden Fensterband zur Straße und in die Halle. Das Obergeschoss liegt winkelförmig darüber mit einem großen Schulungsraum, Foyer und Küche im Kopfbau und anschließender Terrasse, Verwaltung und Jugendraum entlang der Ostfassade. Kurze Wegeführungen garantieren einen optimalen Funktionsablauf im Einsatzfall. Aufenthalts- und Schulungsräume sind größtenteils in Weißtannentäfer ausgeführt, das aus den eigenen Waldbeständen der Feuerwehrmitglieder stammt. Teil der Raumgestaltung sind in Ausstellungsvitrinen inszenierte Insignien der Feuerwehr wie die Fahne des heiligen Florians.

Das Feuerwehrhaus in Hohenweiler ist ein Musterbeispiel für partizipative Planung und Bau. Die Architektin *Heike Schlauch* und ihr Team haben eng mit den Feuerwehrleuten und der Gemeinde zusammengearbeitet, um ein Gebäude zu schaffen, das den Bedürfnissen der NutzerInnen entspricht und gleichzeitig ästhetisch ansprechend ist. Das Projekt hat gezeigt, dass Architektur und Partizipation Hand in Hand gehen können und dass das Ergebnis ein Gebäude ist, das sowohl funktional als auch ästhetisch überzeugt.

Heike Schlauch raumhochrosen

02

02 Neben dem Kirchturm auf der gegenüberliegenden Dorfseite bildet der zwölf Meter hohe Turm einen weiteren Hochpunkt im Dorfgefüge und dient als Tor zum Ortseingang. **03** Werkstätten- und Garagenbereiche bilden eine robuste und dauerhafte Kombination aus Beton und Stahl. **04** Ansicht Nord **05** Schnitt

03

04

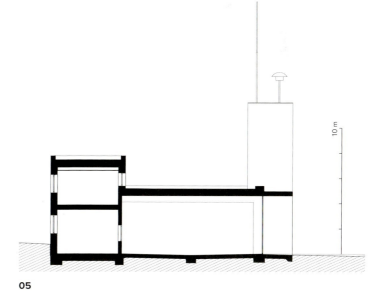

05

Heike Schlauch raumhochrosen

06

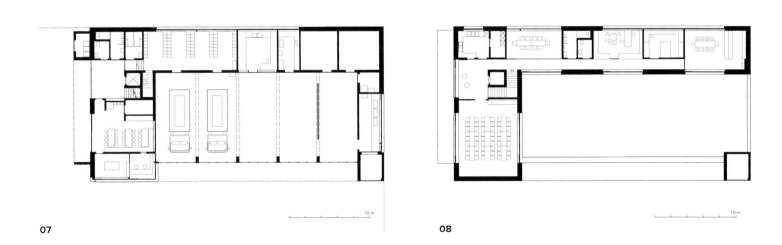

07 08

06 Kommandoraum und Floriani orientieren sich mit einem durchgehenden Fensterband zur Straße und in die Halle. **07** Grundriss EG **08** Grundriss OG **09** Die Oberflächen der Aufenthalts- und Schulungsräume sind großteils in Weißtannentäfer ausgeführt, das aus den eigenen Waldbeständen der Feuerwehrmitglieder stammt.

09

Heike Schlauch raumhochrosen

Alexius / Josef Krankenhaus Neuss – Zentrum für Seelische Gesundheit

alsh sander.hofrichter architekten
2022

Architektur **alsh sander.hofrichter architekten GmbH** Baujahr **2022** Fläche **3.224 m² NF** Bauherr **St. Augustinus-Fachkliniken gGmbH** Standort **Nordkanalallee 99, 41464 Neuss** Tragwerksplanung **R&P Ruffert Ingenieurgesellschaft mbH** Haustechnik **ZWP Ingenieur AG** Brandschutz **Corall Ingenieure GmbH** Objektplanung **Akhiwa GmbH 6-8** Freiflächenplanung **Hofmann-Röttgen Landschaftsarchitekten** Fotografie **Felix Meyer**

Die psychiatrische Klinik bestand aus einem mehrfach sanierten Altbau von 1858 sowie vier Bettenhäusern, einem Funktionstrakt mit dem Haupteingang und einer separaten Sport- und Ökotherapie. Die bis 2012 entstanden Gebäudeteile sind über einen Anbau mit Magistrale angebunden. Nun sollten sowohl die ambulante Versorgung als auch die gerontopsychiatrischen / psychiatrischen Betreuungsmöglichkeiten ausgeweitet werden.

alsh architekten planten ein kompaktes dreigeschossiges Atriumgebäude. Wie die Bettenhäuser organisiert sich der Baukörper um einen Innenhof, der die innenliegenden Räume natürlich belichtet und belüftet. Ziel war es, ein gutes Verhältnis zwischen Grünraum und Dichte sowie zwischen Schutz und Transparenz zu erzielen. Auf einer Nutzfläche von 3.224 m² sind drei Funktionseinheiten untergebracht: eine Ambulanz mit separatem Eingang im Untergeschoss, eine Gerontopsychiatrische Wahlleistungsstation im Erdgeschoss (durch zwei getrennte Zugänge wahlweise offen oder halb geschlossen nutzbar) sowie eine Psychiatrische Wahlleistungsstation im 1. Obergeschoss.

Die Dachterrasse mit Wellnessbereich bietet eine außergewöhnliche Zusatzqualität für die WahlleistungspatientInnen. Im 2. Obergeschoss befindet sich auch die Technikzentrale.

In ihrer Ausprägung, Farbigkeit und Materialität nimmt die Lochfassade die Gestaltung des Bestandes auf und setzt den Ensemblecharakter der Krankenhausanlage fort. Modern interpretiert schaffen die hellen Putzflächen einen klaren Kontrast zu den anthrazitfarben eloxierten Alufensterrahmen. Schlank und hochkant ausgeführt bilden immer zwei Fenster eine Einheit.

Ein verglaster Stahlfachwerk-Gang verbindet den Neu- mit dem Altbau. Mit Blattmotiven der Salbeipflanze bedruckte Glaslamellen in sanftem Grün dienen im Erdgeschoss als Sicht- und Sonnenschutz. An der Nordwest- und Südostseite der Dachterrasse schirmt eine Pergola aus Lochblech mit den Blattmotiven den Aufenthaltsbereich ab und erzeugt ein schönes Lichtspiel. Sanftes bis kräftiges Grün an Wänden, in Stoffen und Glaselementen setzt auch in den weiß gehaltenen Innenräumen wohltuende Akzente. Fein aufeinander abgestimmt, vermitteln die Farbflächen Ruhe und Stabilität. Die PatientInnenzimmer – 13 Einzel- und fünf Doppelzimmer – sind angenehm und exklusiv mit Hotelcharakter ausgestattet. So werden die PatientInnen auch nicht an einem funktionalen Krankenhaustresen, sondern an einer Rezeption wie im Hotel empfangen.

alsh sander.hofrichter architekten

02

02 In ihrer Ausprägung, Farbigkeit und Materialität nimmt die Lochfassade die Gestaltung des Bestandes auf und setzt den Ensemblecharakter der Krankenhausanlage fort. **03** Ein verglaster Stahlfachwerk-Gang verbindet den Neu- mit dem Altbau. **04** Die Dachterrasse mit Wellnessbereich bietet eine außergewöhnliche Zusatzqualität für die WahlleistungspatientInnen.

03

04

alsh sander.hofrichter architekten

05

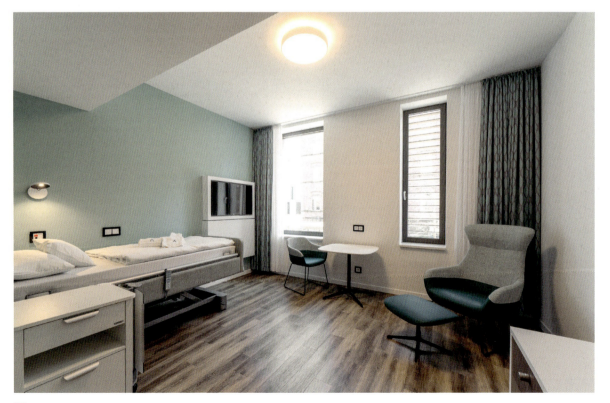

06

05+06 Sanftes bis kräftiges Grün an Wänden, in Stoffen und Glaselementen setzt auch in den weiß gehaltenen Innenräumen wohltuende Akzente. Fein aufeinander abgestimmt, vermitteln die Farbflächen Ruhe und Stabilität und verleihen den PatientInnenzimmern einen Hotelcharakter. **07** Eine Pergola aus Lochblech mit Blattmotiven schirmt auf der Dachterrasse den Aufenthaltsbereich ab und erzeugt ein schönes Lichtspiel.

alsh sander.hofrichter architekten

Feuerwehrhaus Zandt

Schnabel + Partner Architekten
2019

Architektur **Schnabel + Partner Architekten GmbH** Baujahr **2019** Fläche **1.075 m² NF** Bauherr **Gemeinde Zandt** Standort **Kötztinger Str. 26, 93499 Zandt** Tragwerksplanung **Ingenieurbüro Josef Brem** Elektroplanung **Planungsteam Schmid GmbH** Auszeichnung **Architektouren 2020** Fotografie **Schnabel + Partner, Philipp Hastreiter**

Schnabel + Partner Architekten haben in der bayerischen Gemeinde Zandt ein neues Feuerwehrhaus realisiert, das einen wichtigen und architektonisch selbstbewussten Baustein des städtebaulichen Gefüges bildet. Am Ortseingang, gegenüber einer großen Industriezone gelegen, ersetzt der Neubau das alte Feuerwehrhaus, das nicht mehr den zeitgemäßen Anforderungen entsprach und wirtschaftlich nicht mehr zu sanieren war. Mit seiner Fernwirkung ist es ein Symbol für die Bedeutung der Freiwilligen Feuerwehr in der Gemeinde und darüber hinaus.

Dynamisch ausformuliert ist das zweigeschossige Gebäude an den Hang gesetzt und öffnet sich in die Landschaft. Mit seiner schlichten und eleganten Formensprache präsentiert sich das Gebäude modern und selbstbewusst. Die Materialität von Fassade und Konstruktion zeigt eine Differenzierung der Nutzungen und Geschosse: ein Stahlbetonsockel mit Sichtbeton und ein Holzständerbau mit Holzfassade. Diese Materialwahl ist eine zeitgemäße Interpretation der Bayerwald-Architektur und spiegelt die regionale Bauweise wider.

Im Inneren teilt sich die von außen ablesbare Nutzungsdifferenzierung wie folgt auf: Die untere Ebene beherbergt die Fahrzeughalle mit vier Stellplätzen, eine Schlauchpflegeanlage als Halbstraße mit einem Schlauchturm an der nordöstlichen Ecke, diverse Lager- und Werkstattflächen sowie die Umkleide mit ihren Nebenräumen. Das Hauptaugenmerk bei der Planung lag auf einem optimalen, funktionalen Einsatzablauf mit Alarmzugang über die Alarmzufahrt mit den Parkplätzen im Norden. Durch die Umkleide gelangt man in die Fahrzeughalle mit Ausfahrt nach Osten und zur Kötztinger Straße. Das Obergeschoss ist über einen separaten Parkplatz oder eine interne Treppe erreichbar und beinhaltet das Foyer mit Ausstellungsbereich, einen großen Schulungsraum, einen Aufenthaltsraum mit Küche, einen Jugendraum sowie Verwaltungs-, Lager- und Nebenräume. Der Schulungsraum bildet das Zentrum des Obergeschosses und eine großzügige Glasfassade öffnet hier den Blick in die Landschaft.

Das neue Feuerwehrhaus in Zandt von *Schnabel + Partner Architekten* ist ein gelungenes Beispiel für eine zeitgemäße, funktionale und ästhetisch ansprechende Architektur, die den Anforderungen und Bedürfnissen der Freiwilligen Feuerwehr gerecht wird und damit ein aussagekräftiges Zeichen der Wertschätzung ihrer Arbeit setzt. Es knüpft an die Tradition der Region an, indem es die regionale Bauweise widerspiegelt und weist gleichzeitig in die Zukunft der Freiwilligen Feuerwehr und der Gemeinde Zandt.

Schnabel + Partner Architekten

02

02 Das Grundstück ist geprägt von einer starken Hanglage mit einem deutlichen Höhenunterschied. Das neue Feuerwehrhaus positioniert sich im Hang, fängt einen Teil des Höhenunterschieds auf und bildet zwei Ebenen. **03+04** Am Ortseingang gelegen bildet das Feuerwehrhaus mit dem markanten Schlauchturm und der natürlich belassenen Holzfassade einen selbstbewussten Stadtbaustein.

03

04

Schnabel + Partner Architekten

05

05 Viel Wert wurde auf einen funktionalen und maximal effizienten Einsatzablauf gelegt. So gelangt man beispielsweise von den Umkleiden direkt in die Fahrzeughalle zu den Einsatzfahrzeugen. **06** Der helle Schulungsraum bildet mit seinem Ausblick in die umliegende Landschaft das Herzstück des Obergeschosses. Die Aus- und Fortbildung der freiwilligen Einsatzkräfte wird so gefördert. **07** Tradition und Moderne vereinen sich im Feuerwehrhaus Zandt auf gelungene Weise.

06

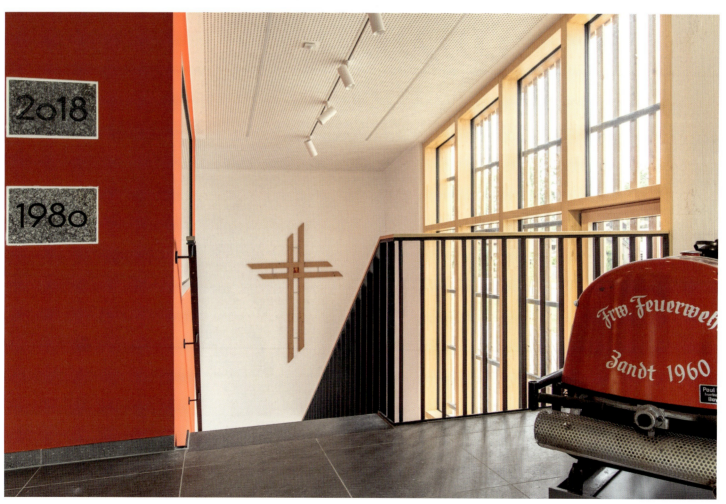

07

Forstbetriebshof Curtius Duisburg Stadtwald

HAYNER SALGERT ARCHITEKTEN
2020

Architektur **HAYNER SALGERT ARCHITEKTEN** Baujahr **2020** Fläche **240 m² BGF** Bauherr **Stadt Duisburg, Umweltamt** Standort **Rehweg 104, 47057 Duisburg** Fotografie **Frank Böttner**

Der Neubau der Betriebsunterkunft für die städtische Forstverwaltung im Duisburger Stadtwald wurde als L-förmig abgewinkelter Holzrahmenbau mit Satteldach entwickelt, der in Zusammenhang mit der zu erhaltenden Betriebswerkstatt eine Hofsituation auf dem Gelände des Forstbetriebs ausbildet. Die asymmetrische Dachform reagiert auf die verschiedenen Raumtiefen des Grundrisses und greift die markante Dachform der auf der Liegenschaft vorhandenen Fahrzeugremise auf. Asymmetrisch ausgebildet, reicht das Dach wahrnehmbar über die Grenzen des Baukörpers hinweg und gestaltet einen deutlichen Dachüberstand. Einschnitte in die klare Gebäudekubatur ermöglichen bedeckte, stützenfreie Außenbereiche und markieren sowohl den Eingangsbereich als auch den rückwärtigen Freibereich.

Der Eingang, an der Innenecke des Gebäudes gelegen, zoniert die Fläche in zwei unterschiedliche Nutzungsbereiche. Während im nördlichen Flügel die Umkleide- und Sanitärräume für Mitarbeitende angeordnet sind, beherbergt der gegenüberliegende Teil das Büro der städtischen Forstverwaltung sowie den Schulungs- und Pausenraum mit vorgelagerter Terrasse. Die Ausrichtung nach Südwesten ermöglicht den Blick auf das Teichbiotop.

Die Lärchenholzschalung der Fassade lässt das Gebäude in Verbindung mit entsprechenden Holzfenstern und -türen deutlich als Holzbau in Erscheinung treten und unterstreicht den Anspruch einer ökologisch nachhaltigen Bauweise im Kontext der Forstwirtschaft. Die umfassenden Anforderungen an die Nachhaltigkeit des Holzbaus, wie eine hervorragende Wärmedämmung bei gleichzeitigem niedrigen Primärenergieeinsatz sowie die Bindung von CO_2, werden durch den Einsatz einer Hackschnitzelheizung, die mit betriebseigenen Nebenprodukten beschickt wird, vertieft. Der weite Dachüberstand des metallgedeckten Daches schützt als bewährte Form des konstruktiven Holzschutzes die Fassade vor Witterungseinflüssen.

Der »Forstbetriebshof Curtius« präsentiert sich durch seinen charakteristischen Ausdruck im Zusammenspiel mit der in dieser Region vergleichsweise wenig verbreiteten Holzrahmenbauweise als wichtiger Impulsgeber für eine zeitgemäße Architektur.

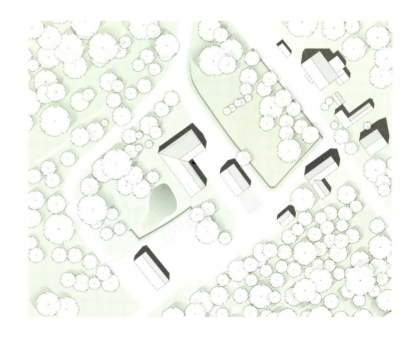

HAYNER SALGERT ARCHITEKTEN

02

03

02 Der eingeschnittene überdachte Eingangsbereich öffnet sich markant zum vorgelagerten Platz. **03** Die asymmetrische Dachform greift die markante Dachform der auf der Liegenschaft vorhandenen Fahrzeugremise auf. **04** Die Fügung der Lärchenholzschalung setzt sich von der Vertikalen in die Horizontale im Bereich der Gebäudeinnenecke fort.

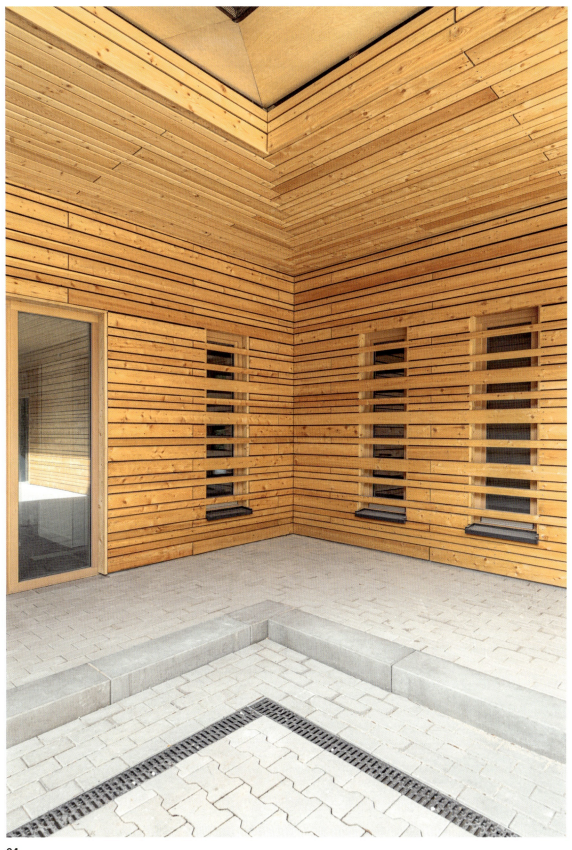

04

05

06

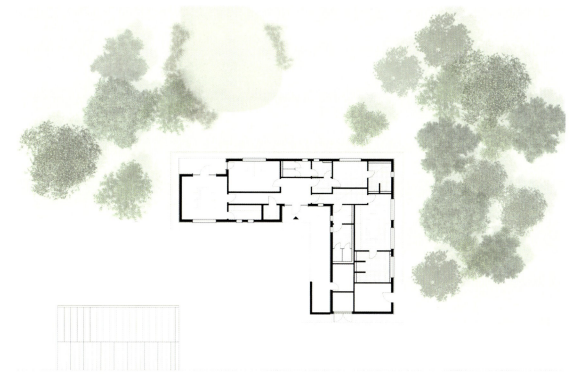

07

08

05 Das asymmetrisch ausgebildete Satteldach bildet die Zonierung des Grundrisses ab. **06** Die Verwendung von robusten und langlebigen Materialien zeigt sich auch in den Innenräumen. **07** Grundriss **08** Die Umkleide- und Sanitärbereiche sind der Funktion und Nutzung angemessen gestaltet. Die gleichmäßig verteilten horizontal angeordneten Fenster ermöglichen eine zusätzliche Belichtung.

HAYNER SALGERT ARCHITEKTEN

Feuerwache und Polizeiposten in Göppingen-Jebenhausen

Gaus und Knödler Architekten PartGmbB (seit 2019 Gaus Architekten)
2021

Architektur **Gaus und Knödler Architekten PartGmbB (seit 2019 Gaus Architekten)** Baujahr **2021** Fläche **888 m² BGF** Bauherr **Stadt Göppingen** Standort **73035 Göppingen-Jebenhausen** Tragwerksplanung **Hagedorn Ingenieure** HLS-Planung **GECON Engineering und Consulting GmbH** Elektroplanung **Elektroplan Ingenieure GmbH** Bauphysik **Bauphysik! Jürgen Paech** Brandschutz **Kuhn Decker Ingenieure und Architekten GmbH & Co. KG** Vermessung **Amt Stadt Göppingen** Bodengutachten **BWU Sanierungstechnik GbR** SiGeKo **Weberarchitekten** Fotografie **MRP/Studio Michael Renner**

In Göppingen-Jebenhausen haben *Gaus und Knödler Architekten PartGmbB (seit 2019 Gaus Architekten)* in einem Neubau Freiwillige Feuerwehr und den Polizeiposten unter einem Dach vereint. Mit einer Länge von rund 47 Metern und separaten Eingängen für beide Einrichtungen bietet das Gebäude eine optimale Anbindung an das örtliche Verkehrsnetz für Einsatzzwecke und Erreichbarkeit.

Die farbbeschichtete Metallfassade, wärmegedämmt und vorgehängt, verleiht dem Gebäude eine markante Charakteristik, während das begrünte Flachdach mit einer Neigung von zwei Prozent und einer Photovoltaikanlage zur Energieversorgung beiträgt. Die Dachfläche erstreckt sich durchgängig über den Verwaltungsbereich, die Fahrzeughalle und den Polizeiposten, wodurch eine gemeinsame Identität für beide Einrichtungen geschaffen wird.

Die Feuerwache besteht aus einem Verwaltungsbereich und einer angrenzenden Fahrzeughalle. Die eingeschossige Fahrzeughalle mit drei Stellplätzen für Feuerwehrfahrzeuge und einer separaten Garage für Polizeifahrzeuge ist als Leichtbaukonstruktion mit Stahlbetonstützen und darüber liegendem Holztragwerk ausgeführt. Sie verfügt über vier Sektionaltore, eine betonierte Bodenplatte, Deckenstrahlung zur Temperierung und eine ausgewiesene Lagerfläche. Der zweigeschossige Verwaltungsbereich wurde in Betonmassivbauweise ausgeführt. Im Erdgeschoss sind einsatznahe Räume wie Umkleiden und Funkraum mit direktem Zugang zur Fahrzeughalle angegliedert. Im Obergeschoss befinden sich Schulungsräume, Jugendraum, Instrumentenlager und Verwaltungsbereich, die über eine Galerie mit der Halle verbunden sind.

Der zweigeschossige Polizeiposten ist ebenfalls in kompakter Betonmassivbauweise mit offenem Treppenraum konzipiert und orientiert sich an den funktionalen und notwendigen Dienstabläufen der Polizei. Im Erdgeschoss sind das Einsatzmanagement, ein Vernehmungsraum, ein Verwahrraum und ein Lager untergebracht. Im Obergeschoss befinden sich die Postenleitung, der Verwaltungsbereich und Umkleidemöglichkeiten.

Dem Architekturbüro ist es gelungen, die Balance zwischen der Erfüllung der jeweiligen Raumprogrammbedürfnisse von Polizei und Feuerwehr und einem identitätsstiftenden gemeinsamen Gebäude zu finden. Insgesamt ist so ein Baukörper entstanden, der sowohl den Bedürfnissen der Einsatzkräfte gerecht wird als auch einen funktionalen und ästhetischen Mehrwert für die Gemeinde schafft.

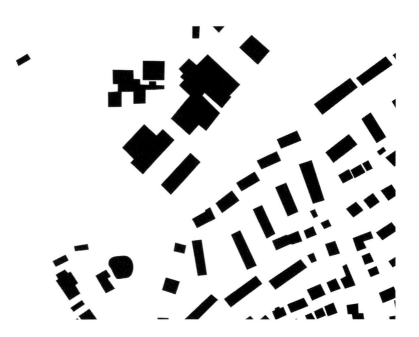

02

02 Der Neubau garantiert den Einsatzkräften von Polizei und Feuerwehr eine optimale Anbindung an das Verkehrsnetz. **03** Die eingeschossige Fahrzeughalle mit drei Stellplätzen für Feuerwehrfahrzeuge und einer abgetrennten Garage für Polizeifahrzeuge ist als Leichtbaukonstruktion mit Stahlbetonstützen und darüber liegendem Holztragwerk ausgeführt. **04** Schnitt

03

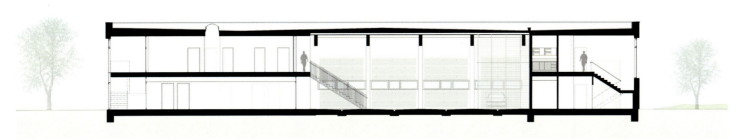

04

157

05

06

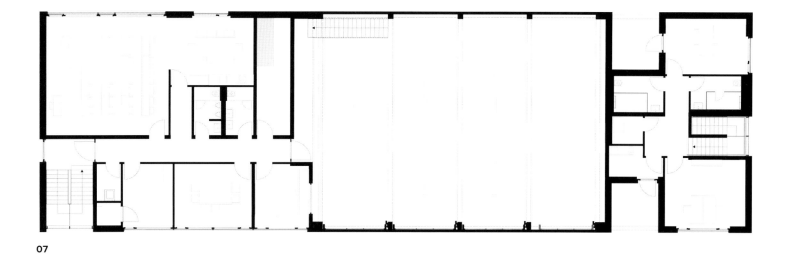

07

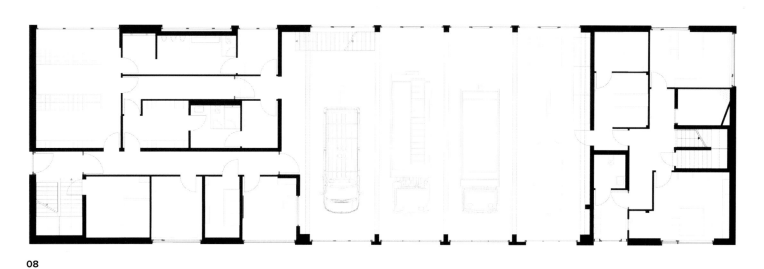

08

05 Das Obergeschoss der Feuerwehr hält Raum für Schulungsräumlichkeiten mit Teeküche, Jugendraum, Instrumentenlager und Verwaltungsbereich bereit.
06 Einsatznahe Räume wie Umkleiden und Funkraum sind im Erdgeschoss mit direktem Zugang an die Fahrzeughalle angebunden. **07** Grundriss OG
08 Grundriss EG

Kriminalabteilung Stadtpolizei Zürich

Penzel Valier AG
2021

Architektur **Penzel Valier AG** Baujahr **2021** Fläche **15.774 m² BGF** Bauherrschaft **Stadt Zürich** Eigentümervertretung **Immobilien Stadt Zürich** Bauherrenvertretung **Amt für Hochbauten** Standort **Förrlibuckstrasse 120, 8005 Zürich** Bauingenieur **Penzel Valier AG** HLKKS + Fachkoordination **Gruner Gruneko AG** Bauphysik **Gartenmann Engineering** Elektro **Hefti. Hess. Martignoni. AG** Gebäudeautomation **Gruner Gruneko AG AG** Licht **Reflexion AG** Sicherheits + Brandschutz **BDS Security Design AG** Gastronomieplanung **Axet GmbH** Landschaftsarchitektur **Beglinger Bryan Landschaftsarchitektur GmbH** Auszeichnungen **Architecture Masterprize 2022, Gewinner Kategorie »Institutional Architecture«; Iconic Award, 2022** Fotografie **Bruno Augsburger**

Der Neubau für die Kriminalabteilung der Stadtpolizei Zürich von *Penzel Valier* führt die Einheiten der Kriminalabteilung der Stadtpolizei Zürich im ehemaligen Industriegebiet in Zürich-West räumlich zusammen. Die kräftige Auskragung und die elegante Figur des Gebäudes sorgen für eine wahrnehmbare Präsenz im Stadtraum, während durch den Aufbau eines Kontrastes in der feinen und transparenten Fassadengestaltung die offene Grundstimmung des Hauses wiedergegeben wird. Ein rautenförmiger, sechseckiger Grundriss bringt die unterschiedlichen Fluchten der angrenzenden Gebäude zusammen und fügt den Baukörper als ein passgenaues Element in sein durchmischtes Umfeld, ohne sich den baulichen Nachbarn unterzuordnen. Der prägnante Sockel aus Beton verankert das Gebäude fest in der Stadtlandschaft und schafft mit seiner hellen Farbe eine einladende Zugänglichkeit.

Offene Fensterbänder, die das Gebäude umlaufen, verleihen dem Gebäude mit ihrer differenzierten Profilierung und dem Lichtspiel auf den geschwungenen Brüstungsprofilen einen Ausdruck von Leichtigkeit. Die Gestaltung der Fassade stellt einen klar gesuchten Kontrast zu den hohen Sicherheitsanforderungen und den inneren Restriktionen des Raumprogramms dar.

Den Kopf des Gebäudes bildet die deutliche Auskragung, die den Eingang markiert und einen großzügigen und gedeckten Vorbereich schafft. Im Zusammenspiel der repräsentativen Treppenanlage mit den erhaltenen Bäumen des kleinen Parks entsteht dort ein öffentlicher Begegnungsort für Angestellte, BesucherInnen und Gäste. Während sich im östlichen Teil des Grundstückes die Zufahrt für BesucherInnen und MitarbeiterInnen befindet, wird die westliche Längsseite Teil der vorbeiziehenden Langsamverkehrsachse. Eine Grüninsel zum Pausieren und Fahrradparkplätze finden hier Platz.

Ein zentraler, lastabtragender Kern, um den überwiegend Büroräume organisiert sind, bildet das Rückgrat des Gebäudes. Zur Tageslichtversorgung der Büros folgt der Grundriss dem Konzept, möglichst viel Fassadenfläche bei einer möglichst geringen Geschossfläche zu generieren. Die offene Grundstimmung des Hauses wird auch im Innenraum abgebildet. Ein zentrales Atrium verbindet die Obergeschosse miteinander. Der geschossübergreifende Innenraum dient der Orientierung innerhalb des Gebäudes und formt einen identitätsbildenden Ort, der Raum für Begegnungen schafft. Decken und Wände sind in Ortbeton in Sichtqualität ausgeführt. Mit der materiellen Separierung und der Trennung von Rohbau- und Ausbauraster ist die Raumeinteilung unabhängig von der Gebäudekonstruktion.

Mit dem neuen Polizeigebäude gelingt es den ArchitektInnen, die funktionalen Vorgaben optimal umzusetzen, auf die Besonderheiten der stadträumlichen Umgebung zu reagieren und gleichzeitig einen baulichen Akzent zu setzen.

Penzel Valier AG

02

02 Als Vermittler zwischen den Fluchten der Nachbargebäude fügt sich das Bauwerk passgenau und harmonisch in sein urbanes Umfeld. **03** Die Präsenz in der Stadtlandschaft wird durch seine elegante Figur und kräftige Auskragung herausgearbeitet. **04** Allseitig wird der Stadtraum bis an die Fassade herangeführt und als öffentlicher Raum für Bewegung und Aufenthalt ausgebildet. **05** Grundriss Erdgeschoss

03

04

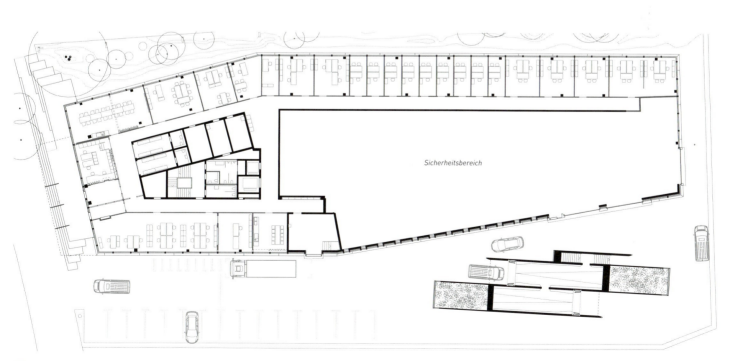

05

Penzel Valier AG

06

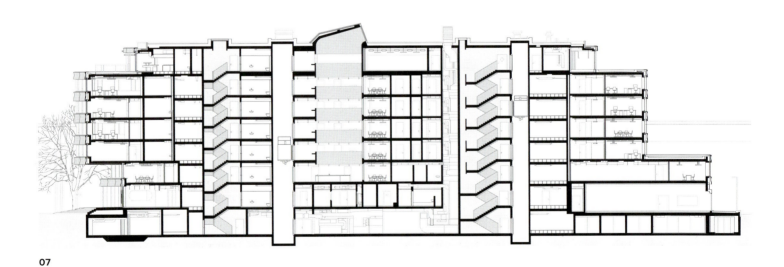

07

06 Das mehrgeschossige Atrium erleichtert die Orientierung im Gebäude und lässt ungezwungene Begegnungen entstehen. **07** Schnitt **08** Eine Cafeteria mit großer Terrasse im obersten Geschoss bietet den MitarbeiterInnen eine besondere Aussicht in die Stadt, für die sie täglich arbeiten. **09** Durch die Ausführung des Erdgeschosses als Hochparterre gelingt der Spagat zwischen gewünschter Transparenz und benötigter Privatheit. **10 + 11** Um einen zeitlosen Rahmen für zukünftige Umnutzungen oder Neueinteilungen zu verwirklichen, entschieden sich die ArchitektInnen für eine Materialisierung der Decken und Wände in Ortbeton in Sichtqualität, wobei der Rohbau bereits die Qualitäten des Ausbaus aufweist.

08

09

10

11

Wichernkrankenhaus im Evangelischen Johannesstift Berlin

huber staudt architekten bda

2018

Architektur **huber staudt architekten bda** Baujahr **2018** Fläche **4.705 m² BGF; 2.450 m² NUF** Bauherr **Johannesstift Diakonie gAG** Standort **Schönwalder Allee 26, 13587 Berlin** Tragwerksplanung **IB Kaiser** Haustechnik **IB Weinstock** Elektrotechnik **GENIUS Ingenieurbüro GmbH** Brandschutz **Peter Stanek** Fotografie **Werner Huthmacher Photography**

Das 1858 von Johann Hinrich Wichern gegründete Evangelische Johannesstift ist eine der größten und traditionsreichsten diakonischen Einrichtungen in Berlin und Umland. Da das 1983 auf dem Stiftsgelände errichtete Gebäude des Wichernkrankenhauses nicht mehr den heutigen Anforderungen an die Pflege geriatrischer PatientInnen sowie den wirtschaftlichen Bedingungen aktueller Betriebsführung entsprach, wurde ein effizienter Neubau für die drei geriatrischen Stationen errichtet. Während der Altbau zu einem Geriatrischen Servicezentrum umgebaut wurde, konnte der westliche Fingerbau in dem Ensemble für Aufnahmeuntersuchungen erhalten bleiben.

Die Bestandsbäume binden den Neubau in die parkartige Umgebung ein und schaffen eine harmonische Verbindung zwischen Alt und Neu. Über eine flache behindertengerechte Rampe in Richtung Stiftskirche wird der Neubau für BesucherInnen und NutzerInnen eigenständig erschlossen. Der Andachtsraum über dem Eingang vermittelt die konfessionelle Ausrichtung, das große Fenster rahmt den Blick auf den Turm der Stiftskirche. Über die westliche Verbindungsstraße und den Südeingang des Altbaus sind Ver- und Entsorgung der Anlage sichergestellt. Die Liegendvorfahrt auf der Westseite blieb erhalten. Der Neubau ist gegenüber dem Altbau um 90 cm angehoben, um unter Ausnutzung der Grundflächen des Bestands eine optimale topografische Einbindung ohne weitgreifende Erdbewegungen zu ermöglichen. Auf diese Weise ist auch eine Gründung oberhalb des Grundwasserspiegels sichergestellt.

Die ringförmige einhüftige Erschließung im Inneren des Neubaus stellt die ideale Bewegungsform für geriatrische PatientInnen dar und erfüllt auch demenzielle Anforderungen sehr gut. Durch die klare Gliederung in dienende und bediente Räume, Gemeinschafts- und Therapieräume bietet die Station eine besonders gute Orientierung. Der Ringflur schafft klare Raumabfolgen für die PatientInnen mit guter Ausrichtung zum Hof und kurze Wege für das Personal. Über das therapeutisch genutzte Treppenhaus entsteht eine Sichtverbindung zwischen Hof und See.

Die geriatrischen Stationen erhalten unter optimaler Ausnutzung der bestehenden Topografie eine direkte Orientierung zur parkartigen Landschaft und teilweise sogar ebenengleichen Gartenzugang. Die Station in der −1 Ebene hat einen direkten Zugang zum Innenhof, die anderen Ebenen sind über Aufzüge und Treppen an den Außenbereich angeschlossen. Stationen, Gemeinschaftsräume und PatientInnenzimmer haben aufgrund der überdurchschnittlich langen Verweildauer der teilweise stark bewegungseingeschränkten PatientInnen hohe wohnliche Ansprüche zu erfüllen.

Insgesamt ist der Neubau des Wichernkrankenhauses ein gelungenes Beispiel für eine moderne, patientenorientierte Architektur, die sich harmonisch in die bestehende Umgebung einfügt und gleichzeitig den hohen Ansprüchen an Pflege und Rehabilitation gerecht wird.

huber staudt architekten bda

02

03

02 Großzügige Fensteröffnungen strukturieren die Fassade und ermöglichen den PatientInnen Ausblicke in den Park. **03** Der lichtdurchflute Andachtsraum öffnet sich zur Stiftskirche. **04** Schnitt Nord **05** Ein kleines Atrium verbindet die drei Ebenen miteinander und stellt einen Bezug zwischen Schwesterndienstplatz und Haupteingang her.

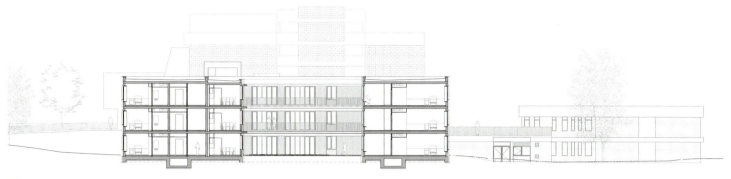

04

05

huber staudt architekten bda

06

07

06 Der Dienstplatz für das Pflegepersonal ist am Stationseingang angeordnet und dient zur Orientierung und Kontrolle auf der Station. **07+08** Die Ringflure sind mit Sitzmöglichkeiten und Handläufen ausgestattet und können zu Therapiezwecken genutzt werden. **09** Grundriss EG

08

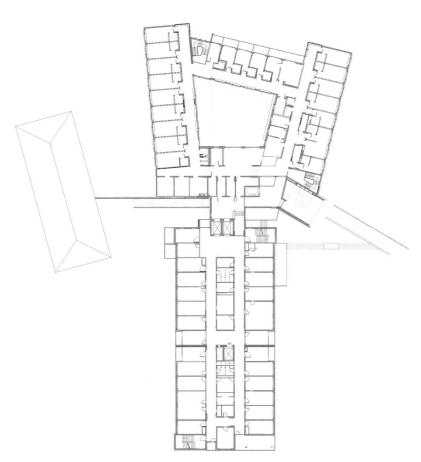

09

Feuerwehrhaus Kaarst-Büttgen

thelenarchitekten

2019

Architektur **thelenarchitekten** Baujahr **2019** Fläche **2.600 m² BGF** Bauherr **Stadt Kaarst** Standort **Driescher Straße 35, 41564 Kaarst** Tragwerksplanung **Kunkel & Partner GmbH & Co. KG** Haustechnik **Ingenieurbüro EUKON** Elektrotechnik **Ing.-Büro Neumeyer** Brandschutz **Corall Ingenieure** Fotografie **Andreas Wiese**

Am nördlichen Ortsrand des Kaarster Stadtteils Büttgen ergänzt das neu erbaute Feuerwehrhaus die beiden bestehenden Solitärgebäude, die Sporthalle im Osten und das Schwimmbad im Süden. Eine Besonderheit des Grundstücks ist eine großkronige Eiche, die in die Planung einbezogen wurde und dem Ensemble einen besonderen Charme verleiht.

Das Pultdach-Bauvolumen gliedert sich in einen zweigeschossigen, kompakten Baukörper, wobei die Fahrzeughalle durch die geforderte Höhe formal eingeschossig ist. Die unterschiedlichen Funktionsbereiche, Fahrzeughalle und Sozialbereiche, sind durch einen Höhenversatz der Dachflächen zueinander ablesbar. Diese Aufteilung wird durch eine differenzierte Fassadengestaltung unterstrichen, die zwei verschiedene Materialien verwendet: eine Zinkblechrautenfassade für den Hallenbaukörper und eine Klinkerfassade für den Sozialbaukörper. Eine im Grundriss schräg gestellte, großflächige Glasfassade öffnet das Gebäude mit seinem Haupteingang auf der Westseite und schafft so eine einladende Atmosphäre.

Die Fahrzeughalle verfügt über acht Fahrzeugstellplätze und eine Waschhalle. Direkt seitlich an der Westseite an die Fahrzeughalle angegliedert sind Werkstatt, verschiedene Funktions- bzw. Lagerräume, die Räume der Feuerwehrleitung und der Einsatzbesprechungsraum. Im Erdgeschoss befinden sich Umkleide-, Wasch-, Dusch- und WC-Bereiche, getrennt nach dem Prinzip der Schwarz-Weiß-Abläufe. Das Obergeschoss beherbergt multifunktionale Räume wie Florianstube, Besprechungsraum und Seminarraum, die durch mobile Trennwände unterschiedliche Raumsituationen und Raumgrößen ermöglichen. Ein Innenhof im Obergeschoss dient der zusätzlichen Belüftung und Belichtung der Schulungs- und Besprechungsräume.

Das gesamte Tragsystem des Gebäudes besteht aus einer Stahlbetonkonstruktion, die die Gründung, Stützen, Wände und Decken umfasst. Das Pultdach wurde als Holzkonstruktion realisiert - im Sozialbereich mit Holzleimbindern und in der Fahrzeughalle mit Holzfachwerkträgern. Bei der Wahl der äußeren und inneren Materialien wurde großen Wert auf ökologische und ökonomische Nachhaltigkeit gelegt.

Das Feuerwehrhaus Büttgen ist somit nicht nur ein funktionales und technisch anspruchsvolles Gebäude, sondern auch ein Ort, der durch seine architektonische Gestaltung und die Berücksichtigung ökologischer und sozialer Aspekte eine hohe Arbeitsqualität für die Menschen bietet.

thelenarchitekten

02

03

02+03 Durch eine differenzierte Fassadengestaltung sind die unterschiedlichen Funktionsbereiche ablesbar: Klinker kennzeichnen den Sozialbaukörper und Zinkblechrauten die Fahrzeughalle. **04** In der Fahrzeughalle ist Platz für acht Fahrzeugstellplätze und eine Waschhalle. **05** Grundriss Erdgeschoss

04

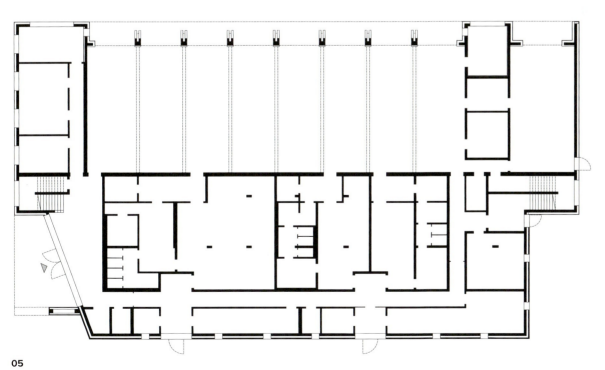

05

06

07

08

09

06 Der Innenhof im Obergeschoss erlaubt eine zusätzliche Belüftung und Belichtung der anliegenden Schulungs- und Besprechungsräume. **08** Mithilfe mobiler Trennwände können unterschiedliche Raumsituationen und Raumgrößen geschaffen werden. **07+09** Farbakzente beleben die Umkleide- und Sanitärbereiche im Erdgeschoss.

Fernheizwerk Orbe

MAK architecture

2020

Architektur **MAK architecture** Baujahr **2022** Fläche **757 m²** WF Bauherr **VO Energies Gaz SA** Standort **Chemin du Suchet, 1350 Orbe** Bauleitung **Pragma Partenaires SA** Statik **RWB Fribourg SA; RBA SA** HLK-Planung **RWB Fribourg SA** Elektroplanung **Betelec SA** Fotografie **Rasmus Norlander**

Am Rand der schweizerischen Kleinstadt Orbe ergänzt das von *MAK architecture* entworfene Fernheizwerk ein gemischtes Wohngebiet. Funktionalität und Skulpturalität eröffnen in einem harmonischen Zusammenspiel einen Dialog mit der Bevölkerung und weisen dem Konzept der erneuerbaren Energien einen festen Platz im Alltag in Orbe zu.

Ein wesentlicher Parameter der heterogenen urbanen Struktur, in die sich das technische Gebäude einfügt, ist die direkte Nähe zu einem Schulgelände sowie zum Herrenhaus von Montchoisi, einem Landhaus aus dem 19. Jahrhundert. In Anlehnung an die Gestaltung des Daches des historischen Bauwerkes entwickeln die ArchitektInnen das Fernheizwerk Orbe in seinem bezeichnenden volumetrischen Erscheinungsbild.

Ein zentrales gestalterisches Element ist der zwölf Meter hohe Kamin des Heizwerkes. In einer skulpturalen Form bildet er sich auf dem Dach des Heizwerkes ab und betont die Geschlossenheit des Gebäudevolumens. Durch die Position des Kamins abgerückt von den Gebäudekanten entsteht ein großes vierseitiges Dach, das dem Fernheizwerk einen vertrauten Ausdruck verleiht und sich mit großer Wiedererkennbarkeit in das durchmischte urbane Umfeld einfügt. Zusätzlich zur Stellung als skulpturalem Element ermöglicht das konische Dach die Integration von Photovoltaikmodulen mit leichter Neigung.

Über das große Fenster in der Fassade fallen die Blicke der PassantInnen in das Innere der technischen Anlage. Auf dem Weg der Kinder zur Schule gelegen, werden die Funktionen des Fernheizwerkes durch die besonderen Einblicke um eine pädagogische Dimension erweitert. Gleichzeitig versorgt das Fenster den Innenraum mit viel Tageslicht. Um Flexibilität bei der technischen Installation zu gewährleisten, ist der Innenraum komplett stützenfrei konzipiert. Massive Betonwände grenzen den Innenraum ab, sodass die Nachbarschaft vor dem Lärm der Anlage geschützt ist. Passend abgestimmt mit den dunklen Aluminiumblechen des Daches werden die Betonwände von einer regelmäßig gerasterten Holzfassade aus Fichtenholz mit vertikalem und horizontalem Rhythmus umfasst. Mit dem Einsatz von unbehandelten Baustoffen setzt das Projekt auf Naturbelassenheit und Qualität der Materialien.

Konfrontiert mit einer besonderen Dualität zwischen technischen Vorgaben und kontextuellen Potenzialen übersetzten *MAK architecture* das Infrastrukturprojekt in eine markante Silhouette und präsentieren so eine neue Deutung der technischen Anlage.

MAK architecture

02

02 Die Silhouette des Daches mit dem skulpturalen hohen Kamin erscheint wiedererkennbar und markant in der durchmischten Umgebung des Fernheizwerks.
03 Einen Einblick auf die technischen Anlagen des Innenraumes ermöglicht PassantInnen das große Fenster der Fassade. **04** Grundriss Erdgeschoss **05** Grundriss Obergeschoss

03

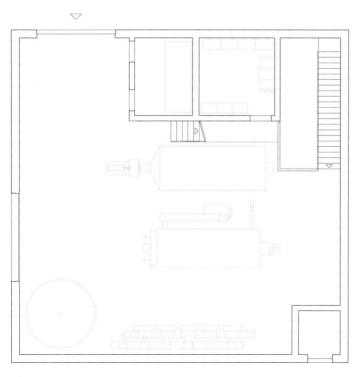

04

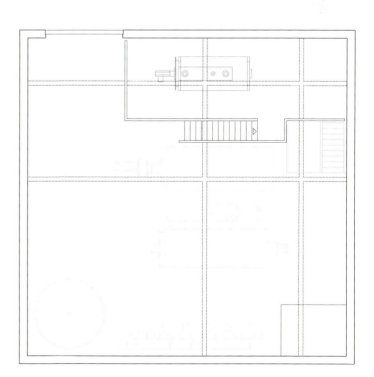

05

MAK architecture

06

07

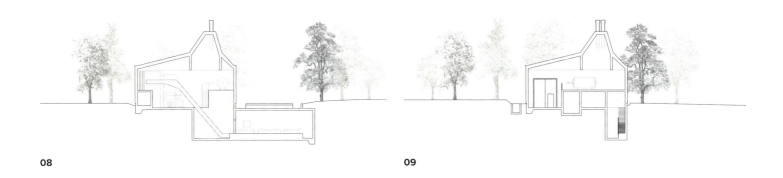
08 09

06+07 Das naturbelassene Fichtenholz der Fassade fügt sich mit den dunklen Aluminiumblechen des Daches und der unbehandelten Oberfläche des Sichtbetons zu einer qualitätvollen Ansicht zusammen. **08+09** Schnitte **10** Eine geschickte Konstruktion in einem Brettschichtholzsystem und daraus resultierende große Spannweiten ermöglichen einen stützenfreien Innenraum, der viel Flexibilität für technische Installationen ermöglicht.

Feuerwehrhaus in Tübingen-Lustnau

Gaus Architekten
2022

Architektur **Gaus Architekten** Baujahr **2022** Fläche **1.313 m²** BGF Bauherr **Universitätsstadt Tübingen** Standort **72074 Tübingen-Lustnau** Tragwerksplanung **Schneck Schaal Braun Ingenieurgesellschaft Bauen mbH** HLS-Planung + Bauphysik **ebök Planung und Entwicklung GmbH** Elektroplanung **Ingenieurbüro Rieder GmbH** Holzbau **Zimmerei Hämmerle** Freianlagenplanung **frei raum concept** Vermessung + Verkehrsplanung **Universitätsstadt Tübingen** Bodengutachten **Büro für angewandte Geowissenschaften** SiGeKo **Ingenieurbüro Baur** Fotografie **Oliver Rieger**

Mit dem neuen Feuerwehrhaus in Tübingen-Lustnau bieten *Gaus Architekten* der freiwilligen Feuerwehr ein modernes Quartier. Der Holzbau, der zugleich als neues Stadttor fungiert, besticht durch seine präzise Kubatur und definiert die städtischen Raumkanten Lustnaus aus einem kleinen Waldstück, Einrichtungen der Universität und der angrenzenden Wohnsiedlung baulich neu. Der Standort des Neubaus auf einem Grundstück am Rande der Wohnbebauung erlaubt gleichzeitig verkürzte Fahrtzeiten in das Wohngebiet und eine direkte Anbindung an die Bundesstraße, die eine wichtige Verkehrsachse der Region darstellt. Weit in seine Umgebung hinein wirkt das Bauwerk als Bezugspunkt und Blickfang für vorbeireisende AutofahrerInnen.

Die Fassade des Feuerwehrhauses ist aus verschieden breiten und tiefen Holzlatten zusammengesetzt. Das in der Gesamtheit vertikal orientierte Fassadenbild erzeugt im Spiel von Licht und Schatten über den Tag hinweg immer wieder neue Motive, wodurch das gesamte Gebäude einen lebendigen Charakter im Stadtbild erhält. Die prägnante Materialwahl spiegelt sich auch im Innenraum in Decken, Böden und Fenstern wider.

Indem sie sich am komplexen Betriebsablauf der Feuerwehr orientieren, entwickeln die ArchitektInnen von *Gaus Architekten* aus den funktionalen Anforderungen an das Feuerwehrhaus eine elegante und spannende Gesamtform. Das räumliche wie organisatorische Herzstück des Bauwerkes bildet die sieben Meter hohe kubistische Fahrzeughalle, die seitlich von einem doppelgeschossigen und einem eingeschossigen Baukörper flankiert wird. Die zwei Gebäudeteile greifen selbstbewusst in den Außenraum und fassen ihn strukturiert ein, sodass zwei unabhängige Höfe mit ganz unterschiedlichem Charakter erzeugt werden.

Die Fahrzeughalle kann an beiden freien Seiten in der gesamten Höhe geöffnet werden. Ohne komplizierte Rangiervorgänge können Einsatzfahrzeuge somit vorwärts einfahren und die Halle auf der gegenüberliegen Seite im Einsatzfall reibungslos verlassen. Die Verglasung der Tore sorgt für eine hohe räumliche Qualität und macht das Feuerwehrhaus auch zu einem reizvollen Ort für Veranstaltungen. An der Nordseite der Fahrzeughalle ist ein etwas niedrigerer Kubus angeordnet. Er öffnet sich zur Halle und beherbergt Lagerflächen, eine Werkstatt sowie einen Trockenraum. Ein kleiner Ausstellungsbereich mit großem Schaufenster lädt BesucherInnen dazu ein, sich über die Arbeit der Feuerwehr zu informieren und historische Gegenstände anzusehen. Der anliegende Hof erzeugt zur Stadt gewandt eine repräsentative Ansicht des Feuerwehrhauses. An der Südseite der Halle schließt der Verwaltungstrakt mit Umkleiden, Einsatzzentrale und Aufenthalts- und Schulungsräumen an. Übungen im Rahmen der Jugendarbeit und andere Veranstaltungen finden auf dem privateren Hof, der der angrenzenden Grünfläche zugewandt ist, statt.

Richtungsweisend verbinden *Gaus Architekten* Funktionalität, Ästhetik und Nachhaltigkeit und realisieren nicht nur ein funktionierendes Feuerwehrgebäude, sondern mit einer konsequenten Fokussierung auf die Klimaschutzziele der Stadt Tübingen und auf Energieeffizienz auch ein wirkungsvolles Aushängeschild einer zukunftsfähigen Baukultur.

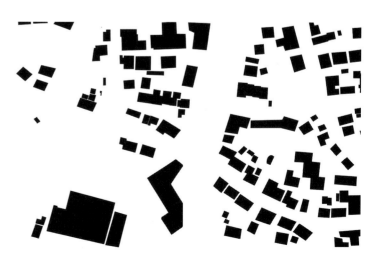

Gaus Architekten

02

03

02 Die verglasten Tore der Fahrzeughalle geben wertvolle und repräsentative Einblicke in die Arbeit der Feuerwehr. **03** Die abgerundeten Ecken der zwei Gebäudeteile, die den Außenraum einrahmen, verleihen der eleganten Gesamtform eine zusätzliche Dynamik. **04** Grundriss OG **05** Grundriss EG

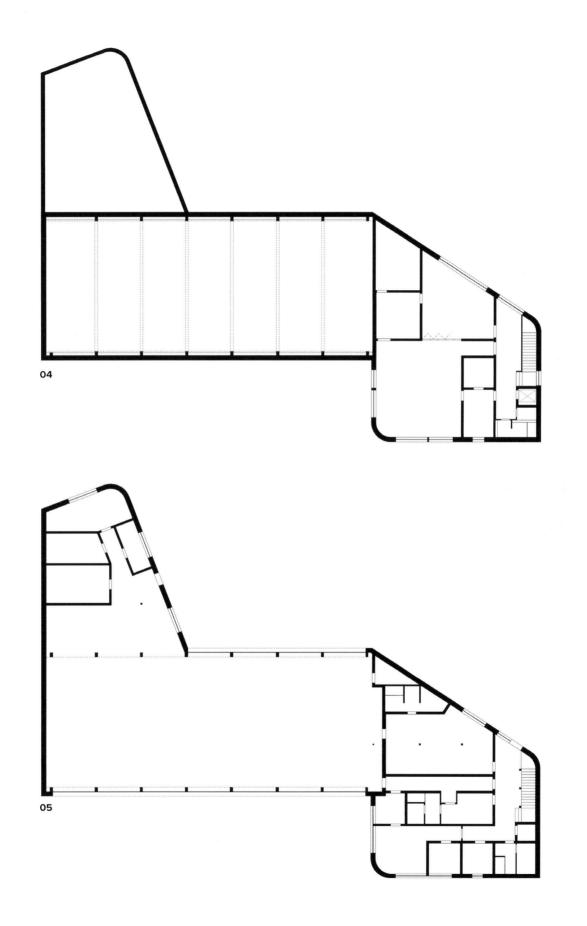

06

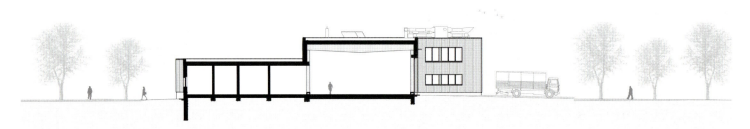

07

08

09

10

Gaus Architekten

06 Das Herzstück des Entwurfes ist die Fahrzeughalle. Sie bietet durch ihre hohe räumliche Qualität auch Raum für Veranstaltungen der Feuerwehr. **07** Schnitt CC **08** Schnitt AA **09+10** Die prägnante Materialität der Außenhaut wird auch auf den Innenraum übertragen. Alle Decken des Feuerwehrhauses wurden in unbehandeltem Brettschichtholz ausgeführt.

Feuer- und Rettungswache 21

KÖLLING ARCHITEKTEN BDA
2017

Architektur **KÖLLING ARCHITEKTEN BDA** Baujahr **2017** Fläche **2.350 m² BGF, 1.400 m² NF** Bauherr **Brandschutz-, Katastrophenschutz- und Rettungsdienstzentrum Grundstücksgesellschaft mbH & Co. KG** Standort **Erich-Ollenhauer-Ring 2, 60439 Frankfurt am Main** Fotografie **Christoph Kraneburg**

In ihrem Entwurf der neuen Feuer- und Rettungswache 21 gelingt es *KÖLLING ARCHITEKTEN BDA,* durch eine präzise topografische Planung die Herausforderungen des außergewöhnlichen Bauplatzes zu bewältigen und damit eine innerstädtische Restfläche in der Frankfurter Nordweststadt nutzbar zu machen. Am Rand der Nordweststadt gelegen, prägen die besonderen Parameter des Grundstücks maßgebend den Entwurf. Ringsum wird der begrenzte Bauplatz, auf dem zentral das dreigeschossige Bauvolumen platziert wird, von mehrspurigen Straßen gesäumt. Das entschiedene Vermeiden des Ausbildens einer Rückseite erzeugt von jedem Blickpunkt in der dynamischen Umgebung eine qualitätsvolle Ansicht auf die Feuer- und Rettungswache.

Sechs Meter Höhenunterschied in der Topografie des Geländes ermöglichten es den ArchitektInnen, zwei Fahrzeughallen für acht Fahrzeuge sowie die dazugehörigen Dienst- und Ruheräume auf dem engen Grünraumstreifen zu realisieren. Der Baukörper ist in das nun terrassierte Gelände eingegraben, sodass die zwei übereinander geschichteten Fahrzeughallen der Feuerwache und der Rettungswache an verschieden orientierten Seiten ebenerdig verlassen werden können. Eine Vorzone überdeckt die Fahrzeughalle der Feuerwache sowie den benachbarten Werkstattbereich auf der Ostseite und nimmt den imposanten Hallentoren ihre Dominanz. Die Auskragung, die durch einen Verschub des Obergeschosses ausgebildet wird, zeichnet sich auf der gegenüberliegenden Seite über der Rettungswache im Negativ als Dachterrasse ab.

Im Inneren des Gebäudes gliedert ein zentrales Treppenhaus den räumlichen Aufbau. Als wichtiges Gelenk verbindet der Raum die zwei Gebäudeseiten mit ihren unterschiedlichen Funktionsbereichen sowie die unterschiedlichen Geländeniveaus. Die Inszenierung eines römischen Ausgrabungsfundstückes im Erdgeschoss des Treppenraums sowie eine Ausgestaltung mit Tischkicker und gemeinschaftlichen Flächen fügen der Feuer- und Rettungswache einen belebten Charakter hinzu und laden zur Identifikation mit Ort und Gebäude ein.

Mit einem rotfarbigen Steinzuschlag, angelehnt an die Tonscherben des historischen Fundes, formulieren die ArchitektInnen die Fassade als lebendige und strukturierte Oberfläche aus. Die Abstimmung der Farbgebung bis ins Detail bei den Fensterrahmen und sogar bei der Bepflanzung arbeiten das Gebäude, das an der Stelle des Nordtors der römischen Stadt Nida steht, wertig und harmonisch in seine Umgebung ein.

In seiner besonderen Gestaltung erzeugt das skulpturale Bauvolumen Aufmerksamkeit und schreibt die gesellschaftlich wichtige Funktion der Feuer- und Rettungswachse fest ins Stadtgeschehen ein.

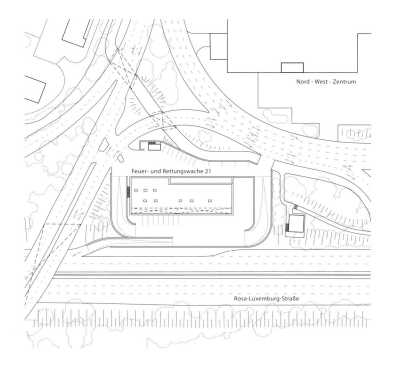

02

03

04

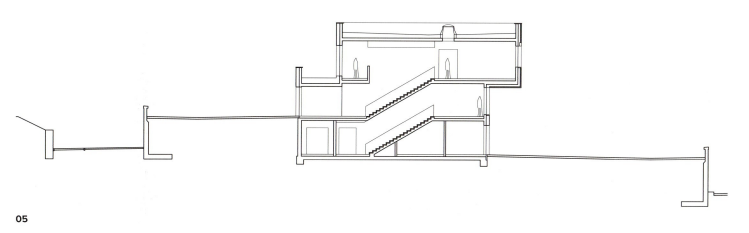

05

02 Der Feuer- und Rettungswache wird durch die intensive städtebauliche Auseinandersetzung eine ausgeprägte Präsenz der gesellschaftlich wichtigen Funktion verliehen. **03** Überdeckt von einer Auskragung wird den imposanten Toren der Fahrzeughalle der Feuerwache ihre Dominanz genommen. **04** Ein rötlicher Steinzuschlag in den Betonsandwichelementen, der eine Assoziation mit der benachbarten Nordweststadt hervorruft, übersetzt den Fund der historischen Scherben auf dem Grundstück in die Fassadengestaltung. **05** Schnitt AA: Ebenerdig können beide Fahrzeughallen durch die Einarbeitung in das terrassierte Gelände verlassen werden.

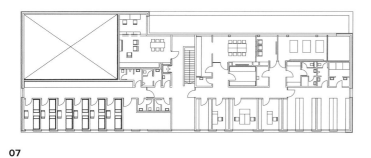

07

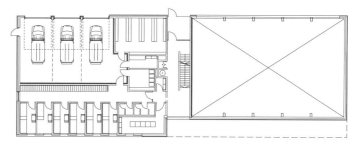

08

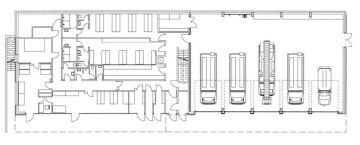

09

10

06 Das zentrale Treppenhaus fungiert als verbindendes Gelenk zwischen der Feuer- und Rettungswache und schafft Raum für informelle Begegnungen.
07 Grundriss OG **08** Grundriss EG **09** Grundriss UG **10** In einem dunklen Violett setzt sich die charakteristische Farbgebung des Äußeren in einer Abstufung im Inneren fort.

Diakonie-Hospiz Woltersdorf

Büro Legiehn Architektur GmbH

2019

Architektur **Büro Legiehn Architektur GmbH** Baujahr **2019** Fläche **1.026 m² BGF** Bauherr **Diakonie-Hospiz Woltersdorf GmbH** Standort **Schleusenstraße 46, 15569 Woltersdorf** Fotografie **Edgar Zippel**

Mit dem »Diakonie-Hospiz Woltersdorf« hat das *Büro Legiehn* einen Ort der Fürsorge und Geborgenheit geschaffen. Auf dem höchsten Punkt der Woltersdorfer Halbinsel gelegen und von der Straße abgerückt, bietet das freistehende, kompakte Gebäude 14 Gästezimmer im Erdgeschoss und Verwaltungsräume im kleineren Obergeschoss. Die schlichte Fassade strahlt Ruhe aus und fügt sich harmonisch in die Umgebung ein.

Die Gebäudefigur orientiert sich an den Haupthimmelsrichtungen, um den Zimmern optimale Tagesbelichtung zu bieten. Der windmühlenartige Grundriss gliedert sich in einen äußeren Ring aus Gästezimmern und einem Gemeinschaftsraum sowie einen inneren Bereich für dienende Nebenraumfunktionen. Im Zentrum des Hauses befindet sich ein Raum der Stille als Rückzugs- und Gesprächsort, der über eine Aufweitung des Flures am Haupteingang erschlossen wird. Das Raumkonzept setzt sich aus vier Komponenten zusammen: dem öffentlichen Foyerbereich, den privaten Zimmern, den »profanen« Nutzungen wie Arbeits- und Hauswirtschaftsräumen sowie dem »heiligen« Raum der Stille.

Die Flure und Zimmer erhalten durch ein warmes Moosgrün eine wohnliche und gemütliche Aufenthaltsqualität. Eine mit Blattgold ausgekleidete Nische leitet in den Raum der Stille über, der mit seiner Akustikwandbekleidung aus Weißtanne zur Besinnung einlädt. Die Flure haben immer einen Bezug zum Tageslicht und zirkulieren um den unbelichteten Innenbereich. Die hohe Aufenthaltsqualität entsteht durch eine einfache und ablesbare innere Ordnung des Hauses, die sich in einem klar gegliederten Grundriss zeigt.

Die Architektur des Hospizes unterstützt die Arbeit der medizinischen Einrichtung, indem sie funktionalen und technischen Anforderungen in einem möglichst unmedizinischen, gestalterisch hochwertigen Umfeld einbindet. Das Diakonie-Hospiz Woltersdorf zeigt beispielhaft auf, wie Architektur den Umgang einer Gesellschaft mit Leben und Sterben widerspiegeln und respektvoll und sorgend begleiten kann.

Büro Legiehn Architektur GmbH

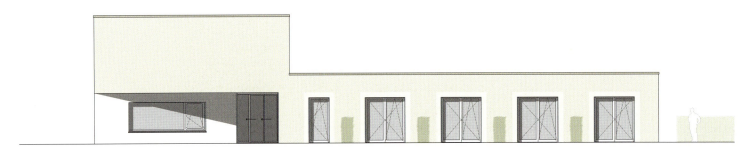

02

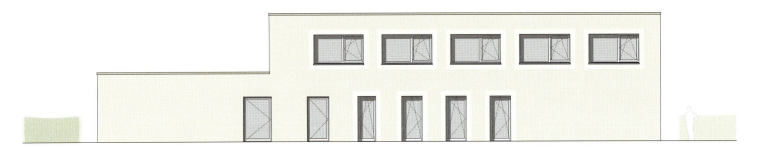

03

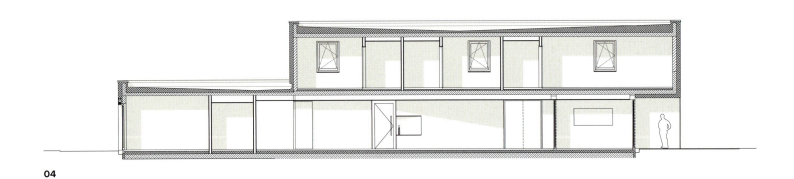

04

02 Westfassade **03** Nordfassade **04** Schnitt **05+06** Die Flure und Zimmer erhalten durch ein warmes Moosgrün eine wohnliche und gemütliche Aufenthaltsqualität.

05

06

07

08

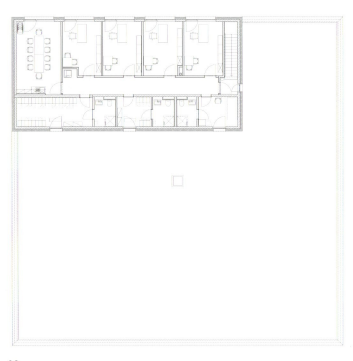

09

10

07 Im Zentrum des Hauses befindet sich ein kleiner Raum der Stille als Rückzugs- und Gesprächsort. **08** Grundriss EG **09** Grundriss OG **10** Der Entwurf des Innenraums bindet die funktionalen und technischen Erfordernisse der Medizin in ein möglichst unmedizinisches, gestalterisch hochwertiges Umfeld ein.

Feuerwehrhaus in Bad Boll

Gaus und Knödler Architekten PartGmbB (seit 2019 Gaus Architekten)
2021

Architektur **Gaus und Knödler Architekten PartGmbB (seit 2019 Gaus Architekten)** Baujahr **2021** Fläche **1.303 m²** BGF Bauherr **Gemeinde Bad Boll** Standort **73087 Bad Boll** Tragwerksplanung **iwb Ingenieurbüro für Tragswerkplanung GmbH** HLS **Ingenieurplanung Söllner GmbH i.G.** Elektroplanung **militello GmbH** Bauphysik **Bauphysik! Ingenieurbüro** Brandschutz **hmb GmbH Stuttgart** Vermessung **Vermessungsbüro Zofer + Wranik GmbH** Baugrundgutachten **BWU Sanierungstechnik GbR** SiGeKo **Ingenieurbüro Frey** Auszeichnung **Beispielhaftes Bauen 2021** Fotografie **MRP/Studio Michael Renner**

Am südlichen Rand der Kleinstadt Bad Boll hat das Planungsbüro *Gaus und Knödler Architekten PartGmbB (seit 2019 Gaus Architekten)* mit dem neuen zweigeschossigen Feuerwehrhaus ein qualitätsvolles Bauwerk realisiert, das sich behutsam in das umgebende Landschaftsbild einfügt. Mit einer Bruttogrundfläche von 1.300 m² dient das multifunktionale Gebäude als Einsatzzentrale, Basis für vier Löschfahrzeuge, Raum für Jugendarbeit und Sitzungen des Gemeinderats. Die konsequente Sichtbetonarchitektur prägt den quaderförmigen Baukörper, der als Solitär seine Qualitäten entfaltet.

Der rechteckige Baukörper ist im 90-Grad-Winkel zur Hauptverkehrsstraße positioniert, wodurch optimale Betriebsabläufe für die Feuerwehr ermöglicht werden. Zugleich bleibt dank großer Fensteröffnungen aus den Aufenthaltsräumen der Blick auf die Schwäbische Alb erhalten, die sich harmonisch in die stringente Gestaltung des Baukörpers einfügen. Parkplätze und Haupteingang befinden sich auf der Westseite, während Rangier- und Übungsflächen für die Einsatzfahrzeuge auf der Ostseite des Gebäudes angeordnet sind.

Funktional gliedert sich die Feuerwache in zwei Bereiche: Verwaltungs-, Umkleide- und Schulungsräume im nördlichen, zweigeschossigen Gebäudeteil und die offene Fahrzeughalle im südlichen. Die Anordnung der Räume folgt der Einsatzlogik einer Freiwilligen Feuerwehr mit Umkleideräumen, Aufenthaltsraum, Lagezentrum und Funkraum im Erdgeschoss in unmittelbarer Nähe zu den Einsatzfahrzeugen. Die Fahrzeughalle ist über eine einläufige Treppe und eine umlaufende Galerie mit den Funktionsräumen verbunden. Der große Saal im Obergeschoss wird für Schulungsveranstaltungen und Gemeinderatssitzungen genutzt. Die warmen Holztöne der Böden, Fenster, Türen und Fassadenelemente stehen in einem wohltuenden Kontrast zu den klar strukturierten Sichtbetonflächen innen und außen und sorgen für eine hohe Aufenthaltsqualität. Weitere Akzente setzen knallrot lackierte Einbauten wie die Schränke in den Umkleideräumen.

In puncto Nachhaltigkeit und Energieeffizienz setzt das Feuerwehrhaus Maßstäbe: Es verfügt über eine Photovoltaikanlage und ein begrüntes Dach, wird mit einer eigenen Erdwärmepumpe beheizt und kann im Notfall nahezu autark mit Energie versorgt werden. Damit dient es auch als Notfallzentrale für Katastrophenfälle. Die Lüftung erfolgt mit Wärmerückgewinnung und eine Nutzwasserzisterne versorgt die sanitären Anlagen und stellt das Wasser für Feuerwehrübungen zur Vergügung.

Insgesamt zeugt das »Feuerwehrhaus in Bad Boll« von einer gelungenen Verbindung von Funktionalität, Ästhetik und Nachhaltigkeit, die sowohl den Bedürfnissen der Feuerwehr als auch der Gemeinde gerecht wird.

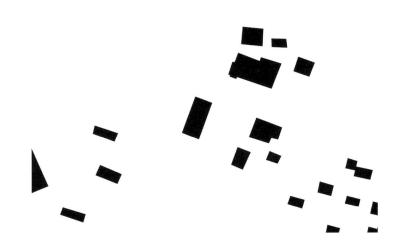

Gaus und Knödler Architekten PartGmbB (seit 2019 Gaus Architekten)

02

03

02 Der zweigeschossige Sichtbeton-Solitär dient nicht nur als Einsatzzentrale und Basis für die vier Löschfahrzeuge. Im Obergeschoss bietet der Neubau auch Räume für die Jugendarbeit sowie Sitzungen des Gemeinderats. **03** Rangier- und Übungsflächen für die Einsatzfahrzeuge befinden sich auf der Ostseite des Gebäudes. **04** Das quaderförmige Gebäude wird durch eine konsequente Sichtbetonarchitektur geprägt, die durch die warmen Holztöne der Fenster, Türen und weiterer Fassadenelemente wohltuend kontrastiert wird. **05** Grundriss EG **06** Grundriss OG

04

05

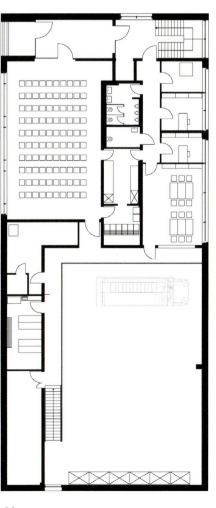

06

07 Die offene Fahrzeughalle im südlichen Gebäudeteil ist über eine einläufige Treppe und eine umlaufende Galerie mit den Funktionsräumen im nördlichen Gebäudeteil verbunden. **08** Knallrot lackierte Einbauten wie die Schränke in den Umkleideräumen setzen spannende Akzente im Innenraum. **09** Schnitt

08

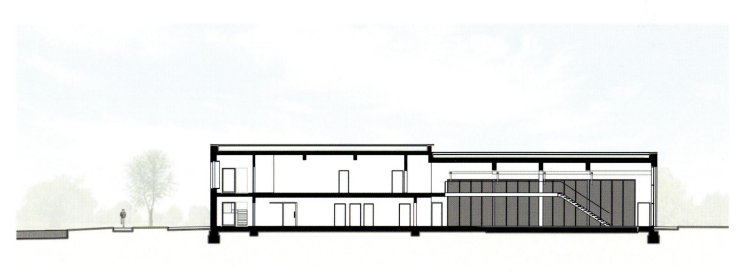

09

Gaus und Knödler Architekten PartGmbB (seit 2019 Gaus Architekten)

K.3 Identität und Gemeinschaft

Sporthallen, Schwimmbäder, Gemeindezentren und Bibliotheken sind Orte, die Menschen zusammenbringen. Hier entsteht Gemeinschaft. Bei Sport, Spaß und Kultur kommen Jung und Alt zusammen, um sich zu erholen, gemeinsame Leidenschaften zu pflegen und Feste zu feiern. Diese öffentlichen Orte, die zuletzt vermehrt Einsparungen zum Opfer gefallen sind, sind unentbehrlich, weil sie den gesellschaftlichen Zusammenhalt stärken. Viele Städte und Gemeinden entscheiden sich daher heute gezielt, solche Räume wiederzubeleben oder neu zu schaffen. Bei der Umsetzung ist nicht zuletzt aus Kostengründen oft Kreativität gefragt: ob in der Weiterentwicklung von Bestandsgebäuden, die in neue Nutzungen überführt werden, nachhaltigen Neubauten mit Mehrfachnutzungen oder wenn das Bauvorhaben selbst zum Gemeinschaftsprojekt wird, bei dem alle mit anpacken. Architektur wirkt dabei über historische Bezüge und die Einbettung in die Umgebung identitätsstiftend.

Kulturzentrum Morges

MAK architecture
2022

Architektur **MAK architecture** Baujahr **2022** Fläche **3.778 m²** BGF Bauherr **Stadt Morges** Standort **Chemin de la Grosse-Pierre 1, 1110 Morges** Bauleitung **Pragama Partenaires SA** Statik **Boss & Associées Ingénieurs Conseils SA** HLKS-Planung **Basler Hofmann West AG** Bauphysik **Enpleo GmbH** Akustik **Décibel Acoustique** Fotografie **Rasmus Norlander; Olivier Di Giambattista**

Das neue Kulturzentrum in der schweizerischen Gemeinde Morges inszenieren die ArchitektInnen von *MAK architecture* in einem offenen und präzisen Ensemble mit einem kompakten Kubus, der an ein bestehendes Schulareal anschließt. Räumlich flexibel und multifunktional ermöglicht der Neubau der Stadt ein langfristiges und vielschichtiges kulturelles Angebot.

Klare Volumen, die einen Schulhof umfassen, bilden das existierende Schulareal. Ein ausgeprägter und greifbarer Dialog mit dem Bestand wird durch die kubische Volumetrie des Neubaus erzeugt. Die hochwertige Landschaft des Schulgeländes komplementiert die umliegende Wohnbebauung. Die Anlage wird von einem durchgängigen Grüngürtel umsäumt, der ihre Qualität als grüne Oase akzentuiert. Wertschätzend gegenüber der Bedeutung des Baumbestandes für das Gebiet bringen die ArchitektInnen das Kulturzentrum in einer kompakten Kubatur unter und minimieren damit den Eingriff in die Bepflanzung.

Im öffentlichen Atrium im Erdgeschoss des Kulturzentrums sticht die aus schwarzem Metall gefertigte ausladende Treppe hervor, die sich durch die ellipsenförmige Treppenöffnung in alle drei Geschosse erstreckt. Neben Büros für den Schul- und Kulturstandort Beausobre, einer professionellen Küche und einem Proberaum werden auf den Geschossen drei multifunktionale Säle angeordnet. Ein Gemeinderatssaal, ein unterteilbarer Saal für bis zu 500 Personen und ein Theater mit Tribüne, das Platz für bis zu 300 Menschen bietet, grenzen sich durch ihre Innenraumgestaltung in jeweils unterschiedlichen lokalen Holzarten von den öffentlichen Zonen ab. Die besondere Gestaltung des Grundrisses erzeugt beim Durchschreiten der Räume immer wieder diagonale Blickachsen durch das Gebäude in den Außenraum. Diese Gestaltung hebt die Funktion des Kulturzentrums als Ort der Offenheit hervor.

Angelehnt an die Mineralität des Geländes ist der Baukörper in einem grauen Mauerwerk materialisiert. Durch ständig differenzierte Verwendung von dünnen und horizontalen Ziegeln antwortet die Fassade auf den Kontext sowie den Innenraum. Je nach Raum versorgen gezielt gesetzte Öffnungen und Perforationen den Innenraum mit unterschiedlichen Lichtqualitäten. Das durch die Perforierung der Fassaden nach außen dringende Licht erhebt den Theatersaal in den Abendstunden zum strahlenden Wahrzeichen des Ortes.

Das Kulturzentrum bietet eine attraktive Lösung, unterschiedliche Funktionen unter einem Dach zu vereinen und einen einladenden Ort der Begegnung für die BewohnerInnen von Morges zu schaffen.

MAK architecture

02

02 Durch eine Innenraumgestaltung in einer lokalen Holzart grenzen sich die Säle von den öffentlichen Zonen ab. **03** Über eine ausladende Wendeltreppe im Zentrum der Baukörpers werden die Geschosse mit den verschiedenen multifunktionalen Sälen erschlossen. **04+05** Eine besondere Grundrissgestaltung lässt diagonale Blickbeziehungen in die qualitätvolle Landschaft entstehen und hebt das Kulturzentrum als Ort der Offenheit hervor.

03

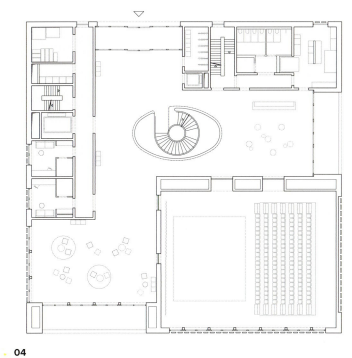

04

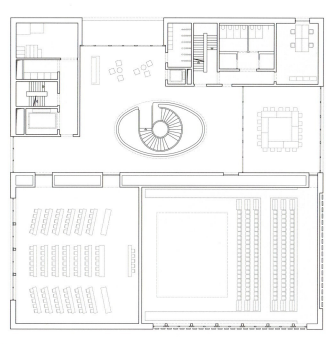

05

MAK architecture

07

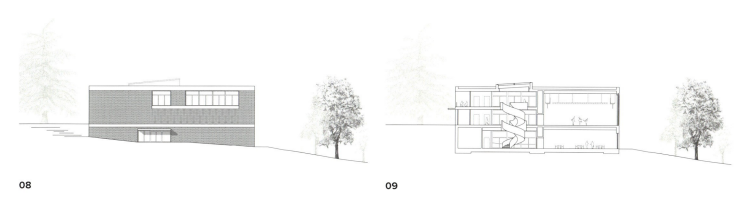

08 **09**

06 Durch die Kompaktheit des Entwurfes werden die Qualitäten des bedeutenden Baumbestandes der Umgebung größtmöglich erhalten. **07** Eine durchgehende Perforierung der Fassade lässt das Licht gefiltert in das Innere des Theaters fallen. **08** Ansicht **09** Schnitt

Inselhalle Lindau

Auer Weber
2018

Architektur **Auer Weber** Baujahr **2018** Fläche **10.360 m² BGF; 58.600 m³ BRI** Bauherr **Stadt Lindau** Standort **Zwanzigerstraße 10, 88131 Lindau** Projektsteuerung **Hitzler Ingenieure** Tragwerksplanung **Boll und Partner, HLS Ingenieurgesellschaft für Haustechnik Wetzstein** Elektrotechnik **Raible + Partner** Brandschutz **mhd Brandschutz** Signaletik **Sägenvier DesignKommunikation** Freianlagen **Rainer Schmidt Landschaftsarchitekten** Fotografie **Aldo Amoretti**

Als integraler Bestandteil der Inselstadt im Bodensee beherbergt die Inselhalle in Lindau seit Jahrzehnten renommierte Konferenzen. Ursprünglich 1981 erbaut, hat die Halle 2018 durch das Architekturbüro *Auer Weber* eine umfassende Sanierung und Erweiterung erfahren.

Auf der Ostseite der Halle wurde ein Vorplatz geschaffen, der sich zwischen der Straße und der Seepromenade erstreckt und die Aufmerksamkeit auf den neuen Eingang der Halle lenkt. Auf der gegenüberliegenden Platzseite wurde ein ergänzendes Parkhaus geplant, das ebenso wie die integrierte Feuerwache und die Bootsanliegerräume Teil der Wettbewerbsaufgabe war. Dieser Platz bildet das weitläufige Entrée der neuen Inselhalle und den nördlichen Auftakt einer Abfolge von Plätzen, die durch die Lindauer Altstadt führen.

Die äußere Architektur der Inselhalle ist durch eine skulpturale Gesamtfigur gekennzeichnet, die das Gebäude als architektonische Einheit im Stadtbild präsentiert. Der Saal sollte durch seine markante Dachform außen klar ablesbar bleiben, während ein weiterer Hochpunkt gesetzt wurde, um das neue Foyer zu akzentuieren. Alle umgebenden Gebäudeteile wurden mittels polygonal gefalteter Dachflächen an diese beiden Punkte angebunden. Einschnitte und Einstülpungen im Fassadenbereich betonen die Zugänge.

Die Fassade und das Dach sind mit beschichteten kupferfarbenen Aluminiumblechen verkleidet, die dem Gebäude ein edles, warmes Erscheinungsbild verleihen und es in die von Ziegeltönen geprägte Dachlandschaft der Lindauer Altstadt einbinden. Die gekanteten Aluminiumprofiltafeln verleihen den Fassadenflächen ein homogenes, aber zugleich lebendiges Erscheinungsbild. Rampen, Treppenaufgänge und der Sockel der Seeterrasse des Restaurants der Inselhalle sind in Sichtbeton ausgeführt und formulieren den Übergang zu den Bodenbelägen im Außenbereich sowie zu den Sockelzonen des Parkhauses.

Im Inneren des Gebäudes wurden die Erschließung und das Raumprogramm grundlegend neu organisiert. In Foyers und Konferenzbereichen erlauben mobile Wände unterschiedliche Raumkonstellationen und somit vielzählige Nutzungsvarianten. Eine neue großzügige Foyerfläche bildet den Schwerpunkt der Erweiterung und ermöglicht den Hauptzugang zum großen Saal, der in seiner ursprünglichen gestalterischen und funktionalen Qualität erhalten und an die neuen Zugangssituationen angepasst wurde. Ein vorgelagerter, terrassierter Lichthof versorgt den Innenraum großzügig mit Tageslicht und eröffnet den Blick zum See. Im Erdgeschoss ist das Seepanorama dank vollflächiger Verglasungen bis tief ins Gebäudeinnere erlebbar. Das dem großen Saal vorgelagerte Foyer bindet über große Fassadenöffnungen und eine repräsentative Freitreppe die Seepromenade an.

Der dunkle, in Holz gehaltene Saal und die neuen, von Helligkeit und Durchlässigkeit geprägten Foyerflächen bilden einen bewussten Kontrast, der sich im Wechsel von konzentrierten und offenen Stimmungen äußert. Die reduzierte Farbigkeit und Materialität macht die neue Inselhalle als architektonische Einheit erlebbar.

Die Sanierung und Erweiterung der Inselhalle in Lindau ist ein zukunftsweisendes Beispiel dafür, wie Modernisierung durch einen respektvollen Umgang mit dem Bestand und die gezielte Weiterentwicklung des Vorhanden gelingen kann.

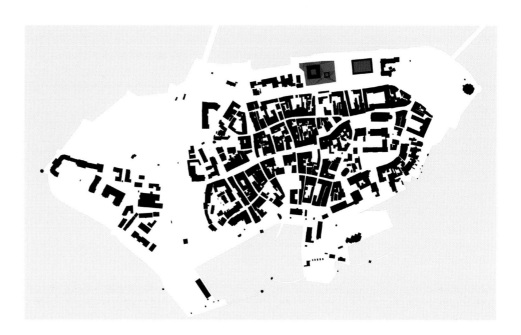

Auer Weber

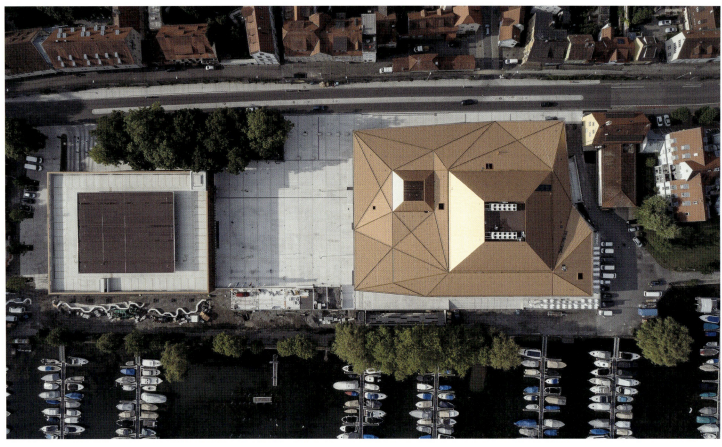

02

03

02 Eine einheitliche metallische Hülle unterstreicht die skulpturale Qualität des Baukörpers und die Zusammengehörigkeit der beiden Stadtbausteine, Inselhalle und Parkhaus. **03** Die gekanteten Aluminiumprofiltafeln überziehen die Fassadenflächen mit einer unregelmäßigen vertikalen Lineatur, die den Oberflächen ein homogenes aber zugleich lebendiges Erscheinungsbild verleiht. Integrierte Verglasungen schließen mit dem Körper flächig ab und binden sich in die vertikale Struktur der Profiltafeln ein. **04** Durch die transparente Fassade des ebenfalls zum Wettbewerb gehörenden und neu erstellten Parkhaus ist die metallische Hülle der Inselhalle gut zu erkennen, wodurch beide Baukörper als Einheit wahrgenommen werden können. **05** Einschnitte und Einstülpungen im Fassadenbereich betonen die Zugänge, insbesondere den zum neuen Vorplatz orientierten Hauptzugang.

04

05

06

07

06 Heller Terrazzoboden sowie weiße Abhangdecken sorgen in den Foyerflächen und den angrenzenden Konferenzbereichen für eine helle und einladende Grundatmosphäre. **07** Der Saal bleibt hingegen in seiner holzgeprägten Materialität und seiner festlichen Ausstrahlung erhalten. **08** Grundriss Erdgeschoss **09** Ein »Ring« um den bestehenden Saal bietet Raum für Sonderfunktionen wie Bar, Sanitärräume und KünstlerInnengarderoben.

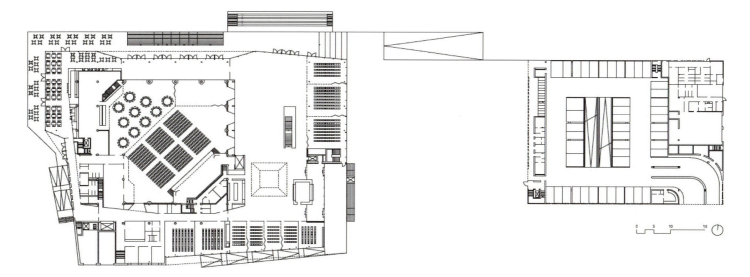

08

09

PARACELSUS BAD & KURHAUS

Berger+Parkkinen Architekten

2019

Architektur **Berger+Parkkinen Architekten** Baujahr **2019** Fläche **11.817 m²** WF Bauherr **Stadtgemeinde Salzburg; KKTB Kongress; Kurhaus & Tourismusbetriebe Salzburg** Standort **Auerspergstraße 2, 5020 Salzburg** Statik **BauCon** TGA + Elektrotechnik **Technisches Büro Herbst** Bauphysik **Ingenieurbüro Rothbacher** Brandschutz **IBS-Technisches Büro** Fassadenkonsulent **MDE metal design engineering** Bäderplanung **sv.pf engineering** Leitsystem **büro uebele visuelle kommunikation** Fotografie **Christian Richters**

Einen besonderen Dialog zwischen neuen Räumen und dem Vorhandenem eröffnet das neue Badehaus »Parcelsus Bad & Kurhaus« von *Berger+Parkkinen Architekten* im Herzen von Salzburg. Von gerahmten Ausblicken in die Stadt geformt, überzeugt der Neubau durch eine Vielfalt an atmosphärischen Situationen. Das Gebäude gliedert sich in eine heterogene urbane Struktur aus gründerzeitlichen Blockstrukturen, offenen Bebauungen und dem historischen Mirabellgarten ein.

Das Bad wird von Keramiklamellen ummantelt. Lediglich die Badeebene öffnet sich direkt zum Mirabellpark und zur Stadt. Die Hauptelemente des Gebäudes bilden eine klar ablesbare vertikale Stapelung. Über dem introvertierten Sockel, in dem Kurhaus und Garderoben des Bades angeordnet sind, erhebt sich die plastische und begehbare Landschaft des Badehauses. Auf dem Dach befindet sich die Saunaanlage mit spektakulärem Außenpool und freiem Blick über die Stadt.

Ein zentraler, geradliniger Aufgang führt vom westlich gelegenen Haupteingang in fortlaufender Bewegung durch die drei Sockelgeschoße bis zur Badehalle mit vier unterschiedlichen Schwimmbecken. Das zentrale Tageslicht sorgt hier für gleichmäßige natürliche Belichtung. Die bewegte Deckenlandschaft mit unterschiedlichen Raumhöhen unterstreicht die räumliche und atmosphärische Vielfalt. Auf dem Dach bieten vier Saunen, ein Dampfbad und ein Außenpool eine einzigartige Kombination aus physischer Entspannung und beeindruckendem Panorama.

Als erstes Hallenbad in Österreich wurde das Bad einer umfassenden Nachhaltigkeitsanalyse unterzogen. Das Ziel, die höchste Zertifizierung »Klimaaktiv GOLD«, konnte erreicht werden. Nachhaltigkeit und Erlebnischarakter gehen im »Paracelsus Bad & Kurhaus« eine gelungene Verbindung ein.

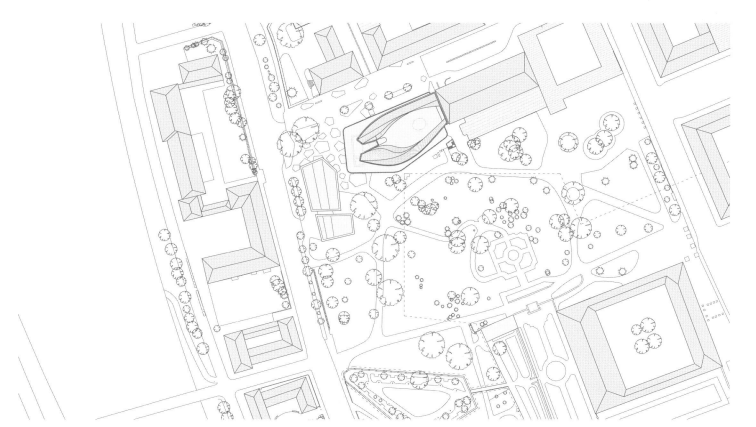

Berger+Parkkinen Architekten

02

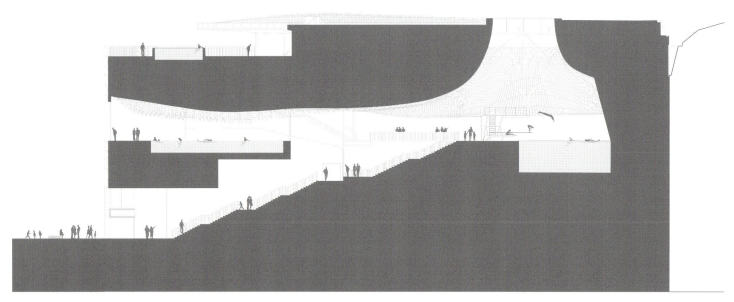

03

02+03 In einer fortlaufenden und gradlinigen Bewegung führt der Aufgang die BesucherInnen durch die introvertierten Geschosse des Sockels unmittelbar unter das zentrale Oberlicht der Badehalle. **04** In unterschiedlicher Höhe schließt die keramische und geschwungene Decke die Badelandschaft nach oben hin ab und unterstreicht damit die Vielfalt an räumlichen und atmosphärischen Situationen. **05** Die urbane Umgebung wirkt durch die besonderen Ausblicke durch die durchgängige Verglasung tief in die Badelandebene hinein.

04

05

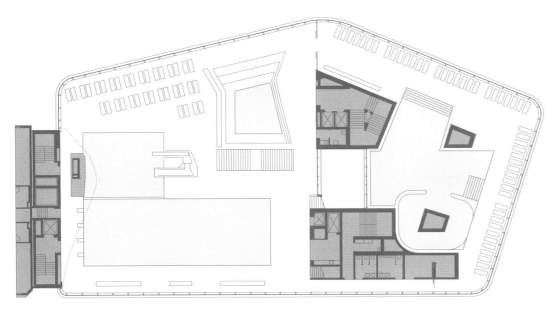

06

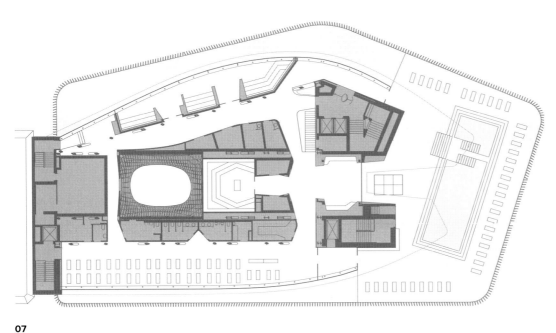

07

06 + 07 Grundrisse **08** Die zentrale Saunalounge der Saunawelt, die sich über die freie Dachebene des Baukörpers erstreckt, gibt den BesucherInnen einen gerahmten Ausblick auf die Müllner Kirche frei. **09** Physische Entspannung wird im Außenpool mit einem freien Blick über die Dächer der Stadt vereint.

08

09

Bibliothek Hochschule in Nürtingen

Knoche Architekten Partnerschaft

2021

Architektur **Knoche Architekten Partnerschaft** Baujahr **2021** Fläche **1.304 m² NF, 2.310 m² BGF** Bauherr **Land Baden-Württemberg** Standort **Heiligkreuzstraße 3, 72622 Nürtingen** Tragwerksplanung **Schweickhardt & Erchinger GmbH** Prüfstatik **Sigler Schumer Spieth** TGA ELT **Conplaning GmbH** TGA HLS **Rieker Planungsgesellschaft mbH** Monitoring **Funk Ingenieure GmbH** Brandschutz **Dataconstruct GmbH** Bauphysik **Dr. Blechschmidt & Reinhold GmbH** Baugrunduntersuchung **Henke und Partner GmbH** Archäologische Untersuchungen **ARCHÄO Rottenburg** Vermessung **Geoinformation Keuerleber GmbH** SiGeKo **Klinger und Partner GmbH** Auszeichnung **Bibliothek des Jahres 2022 in Baden Württemberg** Fotografie **Roland Halbe**

Das neue Informationszentrum der Hochschule für Wirtschaft und Umwelt in Nürtingen fügt sich harmonisch in das historische Stadtbild ein und vereint die bisher getrennten Bibliotheksstandorte auf einem zentralen Campus. Zusätzlich bietet das von *Knoche Architekten* unter der Leitung von Gaby Kannegiesser realisierte Gebäude Platz für Seminar- und Arbeitsräume, das Studierendensekretariat und das International Office. Die städtebauliche Setzung schafft einen gemeinsamen Vorplatz mit den bestehenden Hochschulgebäuden und damit eine räumlich markante Adresse für das Ensemble. Der Neubau repräsentiert mit seinem abstrakten Volumen und den klar geschnittenen Fensterfeldern einen modernen Bildungsstandort. Die schmale Gebäudefuge und die sandfarbene Klinkerfassade mit geschossweise abgesetzten Betonbändern erzeugen eine bauliche und inhaltliche Nähe zu den Bestandsgebäuden.

Im Inneren des Gebäudes zeigt sich eine klare Gliederung: Geschossweise wird ein zentraler Großraum mit Arbeits- und Kommunikationszonen ausgebildet, der beidseitig vollflächig auf den Außenraum ausgerichtet ist und über Lufträume vertikale Sichtbeziehungen schafft. An der Nordseite des Gebäudes befinden sich reservierbare Gruppenarbeitsräume, an der Südseite sind die Erschließungs- und Nebenflächen angeordnet. Warme Holzverkleidungen und textile Oberflächen prägen die Raumwirkung und schaffen eine Atmosphäre, die dem Spannungsfeld zwischen konzentrierter Arbeit und intellektuellem Austausch gerecht wird.

Flexibilität nimmt ebenfalls eine wichtige Rolle ein: Zum einen ermöglichen die Organisation der Buchrückgabe und -abholung im geschützten Windfang sowie die auch über einen Nebeneingang erschlossenen studentischen Arbeitsplätze eine unabhängige Nutzung auch außerhalb der Öffnungszeiten. Zum anderen wird eine flexible Nutzung des Raumprogramms durch die weitgehend stützenfreie Konstruktion, die glatten Decken ohne Unterzüge und die flächige Deckenheizung begünstigt. Zusätzlich lassen sich die Deckenöffnungen bei Bedarf schließen, sodass im Zuge einer Nutzungsänderung auch getrennte Funktionsbereiche möglich sind.

Die zentrale Be- und Entlüftung mit hocheffizienter Wärmerückgewinnung versorgt die Ebenen −1 bis 2 konstant mit Frischluft. Ein Teil der Abluft wird zentral auf Ebene 2 abgesaugt und der Lüftungsanlage zur Wärmerückgewinnung wieder zugeführt. Die Wärmeversorgung erfolgt grundsätzlich über eine Luftwasser-Wärmepumpe, die die Betonkernaktivierung (reversibel) mit Niedertemperaturwärme versorgt. Das Gebäude ermöglicht zudem die barrierefreie Nutzung auch für Menschen mit Bewegungseinschränkungen. Alle Ebenen sind über den Haupteingang barrierefrei zugänglich, ein rollstuhlgerechter Personenaufzug verbindet alle Nutzungsebenen mit zwei schwellenlosen WCs.

Das neue Informationszentrum ist ein beispielhaftes Projekt, das sowohl in seiner äußeren Erscheinung als auch in seiner inneren Organisation und Ausstattung konsequent die Bedürfnisse der NutzerInnen in den Mittelpunkt stellt. Gleichzeitig wertet das neu entstandene Gebäudeensemble samt Vorplatz den öffentlichen Raum auf und schafft neue Aufenthaltsqualitäten.

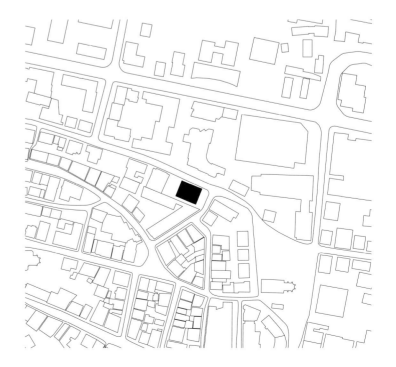

Knoche Architekten Partnerschaft

02

02 Die städtebauliche Setzung schafft einen gemeinsamen Vorplatz mit den bestehenden Hochschulgebäuden und bildet so eine räumlich markante Adresse für das Ensemble. **03+04** Mit seinem abstrakten Volumen und klar geschnittenen Fensterfeldern präsentiert sich das Gebäude als moderner Bildungsstandort. **05+06** Die schmale Gebäudefuge und die sandfarbene Klinkerfassade mit geschossweise abgesetzten Betonbändern erzeugen eine bauliche und inhaltliche Nähe zu den Bestandsgebäuden.

03

04

05

06

Knoche Architekten Partnerschaft

07

08

07 Eine gestalterische Klammer von EG und UG wird über eine durchgehende Wandbekleidung erzeugt, die die Schließfächer, Infoterminals, technischen Einbauten, Türen und Bücherregale aufnimmt. **08** Schnitt **09** Grundriss UG **10** Grundriss EG **11** Grundriss 1. OG **12** Grundriss 4. OG **13** Die Raumwirkung wird von warmen Holzverkleidungen und textilen Oberflächen geprägt und schafft so eine Atmosphäre, die dem Spannungsfeld von konzentrierter Arbeit und intellektuellem Austausch gerecht wird.

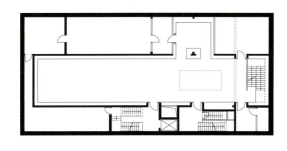

09

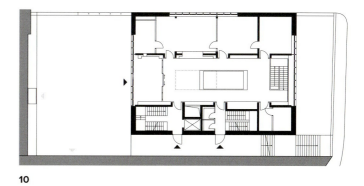

10

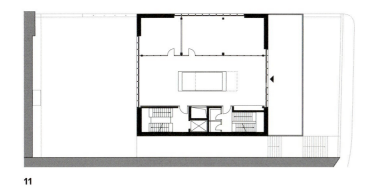

11

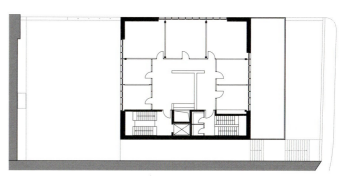

12

13

Knoche Architekten Partnerschaft

HAMMERscheune Niederlamitz, Kirchenlamitz

Kuchenreuther Architekten / Stadtplaner
2020

Architektur **Kuchenreuther Architekten / Stadtplaner** Baujahr **2020** Fläche **160 m²** Bauherr **Stadt Kirchenlamitz** Standort **Hammerweg 5, OT Niederlamitz, 95158 Kirchenlamitz** Landschaftsarchitektur **LandschaftsArchitektur Marion Schlichtiger** Statik + Brandschutz **Ingenieurbüro Dietel** Auszeichnung **Staatspreis Dorferneuerung und Baukultur 2021** Fotografie **FEIGFOTODESIGN, Selb**

Die Festscheune am Hammerweg in Kirchenlamitz liegt parallel zur Hauptstraße des Ortes, in unmittelbarer Nähe zur Bahnstrecke, und ist hervorragend an das regionale und überregionale Wander- und Radwegenetz angebunden. Errichtet wurde der Neubau auf den Grundmauern eines abgerissenen Gasthauses, neben dem sich ein eingestürztes Hammergebäude und verschiedene Scheunen- und Nebengebäude befanden. Am Platz der historischen Hammerschmiede ist ein Ort der Begegnung entstanden, an dem kulturelle und gemeinschaftliche Veranstaltungen stattfinden.

Bei der Gestaltung des Außenbereichs wurde Wert darauf gelegt, die historische Nutzung wieder sichtbar zu machen: Infotafeln führen über den Themenweg »Geschichte des Niederlamitzer Hammers« und ein kleiner Graben versinnbildlicht den ehemaligen Wasserlauf zur Nutzung der Wasserenergie in der Hammerschmiede. Direkt vor dem Gebäude befindet sich im Schatten eines Ahornbaums ein Grillplatz, der zum Aufenthalt im Freien einlädt. Von hier aus ist die Festscheune durch eine barrierefreie Rampe erreichbar.

Die »HAMMERscheune« ist eine Holzrahmenkonstruktion, die mit einer Länge von 16 und einer Breite von 10 Metern die Maße des Hammergebäudes aufnimmt und mit ihrer vertikal beplankten Holzfassade in Form und Material an die historische Scheune erinnert. Das Blechdach, zwei auffällige Fensteröffnungen und ein tiefer Einschnitt im Eingangsbereich verorten das Gebäude jedoch eindeutig in der Gegenwart. Die Fenster stehen außen etwa zwei Handbreit vor der Fassade. Innen haben sie eine niedrige und tiefe Brüstung, die als Sitzgelegenheit genutzt werden kann.

Im Inneren des Gebäudes offenbart sich eine einfache und robuste Gestaltung. Der offene Dachstuhl zeigt das sichtbare Nagelbindertragwerk. Im südlichen Teil erhebt sich eine kleine Bühne. Die vom Vorgängerbau erhaltenen historischen Gewölbekeller, die als Lager und Ausstellungsraum genutzt werden, sind über eine Klappe und eine kleine Treppe sowie ebenerdig von außen erreichbar. Im nördlichen Teil des Gebäudes befinden sich Nebenfunktionsräume wie die Teeküche und die von innen und außen zugänglichen Sanitäranlagen. Ein Holzofen liefert bei Veranstaltungen Wärme und schafft eine gemütliche Atmosphäre. Eine Stromversorgung wurde installiert und stellt den Festbetrieb für Konzerte sicher.

Die Festscheune ist ein beeindruckendes Beispiel für die Eigeninitiative und das Engagement der Dorfgemeinschaft. Ihre Mitglieder haben zahlreiche ehrenamtliche Stunden bei Baumfällarbeiten und der Räumung des Geländes ebenso wie bei der Verschalung und dem Innenausbau der Scheune geleistet und betreiben das Gebäude und das umliegende Gelände in Eigenverantwortung.

Die »HAMMERscheune« ist nicht nur ein Ort der Begegnung und des Austauschs, sondern auch ein lebendiges Zeugnis der Geschichte und der industriellen Vergangenheit des Fichtelgebirges. Ihre Architektur verbindet ländliche Bautradition gekonnt mit moderner Funktionalität.

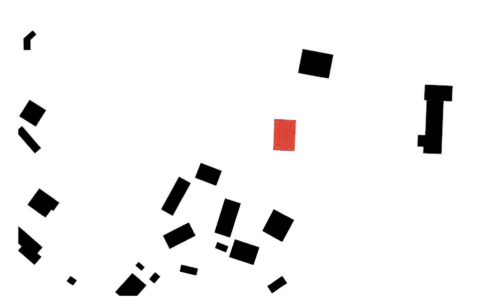

Kuchenreuther Architekten / Stadtplaner

02

03

02 Ausgangslage: Von dem 1880 abgetragenen Eisenhammer blieben einige Betriebsgebäude erhalten, von denen eines als Gaststätte genutzt wurde. Wie eine dazugehörige Scheune verfiel der Bau und war zuletzt einsturzgefährdet. **03** Die schlichte Gebäudeform wird durch zwei Fensteröffnungen und einen Einschnitt im Eingangsbereich ergänzt. Der Gebäudeeinschnitt formuliert eine einladende Geste und dient auch als Unterstand für Menschen, die das überregionale Wander- und Radwegenetz nutzen. **04** Zwei Handbreit vor der Fassade liegend, bilden die schwarz berahmten Fenster im Innenraum eine niedrige und tiefe Brüstung aus, die als Sitzgelegenheit genutzt werden kann. **05** Längsschnitt

04

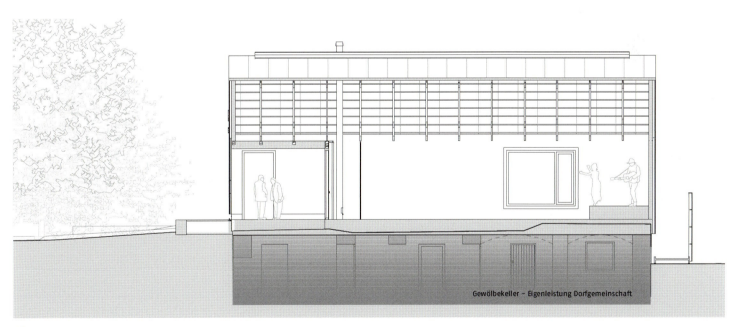

05

06

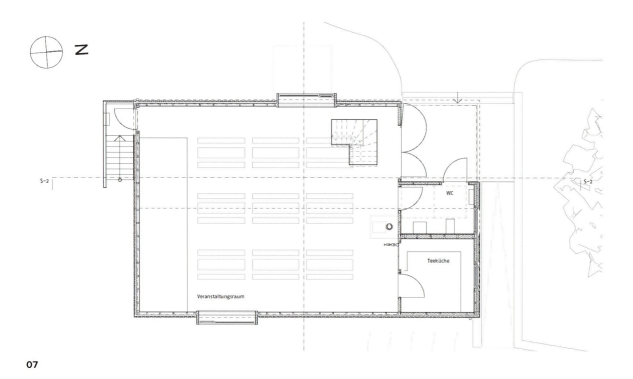

07

06 + 09 Der Hauptraum ist offen und robust gehalten. Er bietet Platz für Konzerte und Festveranstaltungen und fördert so die dörfliche Gemeinschaft. Ein Holzofen liefert Wärme bei Veranstaltungen und sorgt für eine gemütliche Atmosphäre. **07** Grundriss Erdgeschoss **08** Durch den offenen Dachstuhl wird das Nagelbindertragwerk sichtbar.

08

09

Jugendhaus Murr

D'Inka Scheible Hoffmann Lewald Architekten Partnerschaft mbB

2021

Architektur **D'Inka Scheible Hoffmann Lewald Architekten Partnerschaft mbB** Baujahr **2021** Fläche **398 m² WF, 359 m² NRF** Bauherr **Gemeinde Murr, Herr Bürgermeister Torsten Bartzsch** Standort **Hindenburgstraße 60, 71711 Murr** Tragwerksplanung **Peifer Statik** Fotografie **Roland Halbe**

Zwischen dem Uferbereich der Murr und geschützten Biotopen gelegen, bildet das »Jugendhaus Murr« durch seine konsequente Gestaltung einen Mittelpunkt im Landschaftsraum aus. Der Neubau, der sich durch eine einprägsame und reduzierte Architektursprache auszeichnet, stellt als überregionaler Treffpunkt für Jugendliche ein wichtiges soziales Zentrum dar.

Schlank und schmal erstreckt sich das Gebäude längs zum Flussufer und weicht rücksichtsvoll vor den angrenzenden Grünstrukturen und geschützten Biotopen zurück. Der Baukörper, der sich über einer stählernen Aufständerung erhebt, bildet einen deutlichen Kontrast zum durchmischten Landschaftsraum der Umgebung. Die Konstruktion entspricht den Anforderungen des Hochwasserschutzes und lässt den Landschaftsraum unter dem Gebäude hindurchfließen. Geschlossene Giebelseiten und ein auskragendes Dach bilden die Hülle des Jugendhauses, dessen nördlich und südlich gewandten Fassaden zurücktreten und sich durch Ausdruck und Materialität von der eigentlichen Gebäudehülle unterscheiden.

Über eine vorgelagerte Treppe sowie eine Rampe wird der gedeckte Eingangsbereich erschlossen. Mit Ausblick in die offene Landschaft im Süden und den Baukörper im Rücken als akustische Abschirmung zur nahen Wohnbebauung bieten die aufgeständerten Terrassen einen Ort für zwanglose Treffen. In der Fuge der zwei Gebäudeteile ist die Eingangstür platziert. Ein Kernbereich mit Thekenanlage bildet das Zentrum des Innenraumes aus, dessen umschließende Flächen dezidiert funktional aufgegliedert werden. An einen allgemeinen öffentlichen Bereich, der als Aktionszone dient, schließt sich ein ruhiger Bereich, der Rückzugsmöglichkeiten und Aufenthalt für Kleingruppen bietet, an. Das Raumangebot des Jugendtreffs wird durch die Möglichkeit, das öffentliche Foyer mit dem Kernbereich zusammenzuschalten, flexibel erweitert. Funktionsbereiche und Nebenräume heben sich durch unterschiedliche Raumhöhen voneinander ab. Die schlanke Form des Baukörpers ermöglicht einen Tageslichteinfall in alle Räume.

Mit Materialien, die mit der Umgebung und dem Landschaftraum korrespondieren, schaffen *D'Inka Scheible Hoffmann Lewald Architekten* einen Ort, der mit seinen räumlichen Eigenschaften überzeugt und der vorbildlich auf die Bauaufgabe reagiert.

02 Mit einer stählernen Aufständerung reagiert der Entwurf auf die Anforderungen des Hochwasserschutzes. **03** Die Eingangsbereich wird durch das auskragende Dach klar markiert. **04** Bewegliche Schiebeladenkonstruktionen bilden den Sonnenschutz und filtern das Licht im Innenraum.

03

04

D'Inka Scheible Hoffmann Lewald Architekten Partnerschaft mbB

05

06

07

05 + 06 Auch im geschlossenen Zustand geben die mobilen Schiebeladen den Blick in die offene Landschaft frei. Die schlanken Lamellen erzeugen ein rhythmisches Spiel aus Licht und Schatten am Boden. **07** Deutliche Unterschiede in den Raumhöhen kennzeichnen den Übergang zwischen Funktionsbereichen und Nebenräumen.

Schlossbad Neumarkt i. d. Opf.

Diezinger Architekten

2022

Architektur **Diezinger Architekten GmbH** Baujahr **2022** Fläche **12.760 m²** BGF Bauherr **Stadtwerke Neumarkt i. d. Opf. Freizeit & Leben KU** Standort **Ingolstädter Straße 18, 92318 Neumarkt i. d. Opf.** Landschaftsarchitektur **Adler & Olesch** Fotografie **Stefan Müller-Naumann**

Als Erweiterung des bestehenden Freibads nimmt das neue Schlossbad von *Diezinger Architekten* in der Innenstadt Neumarkts in der Oberpfalz städteräumliche Präsenz ein und integriert die Nutzung des Bades in den Alltag der NeumarkterInnen. Die neue Bade- und Saunalandschaft des Schlossbades vervollständigt das am Schlossweiher gelegene Freibadgelände zu einem Ganzjahresbad.

Der U-förmige Neubau positioniert sich prominent an den kreuzenden Straßen und wirkt weit in den Stadtraum hinein. Die Gestaltung der Fassade verbindet Präsenz mit der formalen Integration des Neubaus in den Bestand. Die Traufhöhe der Bestandsgebäude, die jetzt mit einer einheitlichen Fassadenbekleidung versehen sind, wird im Neubau fortgesetzt und ablesbar. Das hervortretende Saunageschoss gliedert den Baukörper vertikal und markiert damit den Hauptzugang. Eine stilisierte geometrische Welle bildet sich auf dem transluzenten Metallvorhang ab, der die Öffnung zur Anlage unterstreicht. Die Formgebung der Aluminiumbleche wird von den changierenden Farbnuancen von gelblich bis blaugrün und durch die Schattenwirkung unterstützt. Die Farben beleben die Fassade und erinnern an das Glitzern auf den Wellen des Schlossweihers. Die Fassadepaneele werden durch ihre sanfte Texturierung in einer stofflichen Lebendigkeit erfahrbar.

Die vielfältige Badelandschaft öffnet sich über das Foyer bewusst in den Stadtraum. Das Erdgeschoss folgt der Topografie des Geländes und leitet die Badegäste in einem fließenden Übergang von der im Gebäude liegenden Badelandschaft zum angrenzenden Naturraum rund um den Schlossweiher. Durch Topografie und Baukörperform gliedert sich die neue Badeebene in differenzierte Raumbereiche, die nahtlos ineinander übergehen. Materialisiert in Sichtbeton, Holz und in changierend grüner Keramik präsentiert sich die Badelandschaft als robuste, natürliche und zugleich wertige Bühne, die von den Badegästen bespielt werden kann.

Die Saunalandschaft mit sechs verschiedenen Saunakabinen thront über der Badeebene und wird durch Gastronomie und Saunaterrasse erweitert. Die geschlossenen Kuben der Saunakabinen strukturieren den Erlebnisort und schaffen ein Zusammenspiel der verschiedenen thematisch ausgestalteten Saunabereiche und der Zwischenräume, die als Aufenthaltsräume der Entspannung, Abkühlung und Reinigung gewidmet sind. Gezielt als Ausblicke in den Außenraum der Saunaterrasse positionierte Öffnungen verwischen die klaren Grenzen zwischen Innen und Außen und binden die umgebende Landschaft und den Stadtraum mit ein.

Das neue Schlossbad stellt eine gelungene Weiterentwicklung der vorhandenen Strukturen dar und schafft Räume der Erholung, die durch schlichte, aber elegante Formen überzeugen.

Diezinger Architekten

02

02 Klare, bewusste Elemente, erzeugt durch eine nachhaltige Formgebung, sowie die Ausformulierung in robusten, natürlichen und zugleich wertigen Materialien kennzeichnen das Raumkonzept der Badelandschaft. **03** Ganz selbstverständlich werden die verschiedenen Raumbereiche, die durch Topografie und Baukörperform definiert werden, nacheinander arrangiert und leiten in einem räumlichen Kontinuum die Badegäste von der Badeebene zu den Freibadflächen im Naturraum über. **04** Besondere Blickbeziehungen vom Infinitypool der Saunalandschaft zum Schlossweiher Neumarkts vereinen den Naturraum mit dem neuen Schlossbad.

03

04

Diezinger Architekten

05

06

05+06 Die sechs Saunakabinen wurden als geschlossene Kuben konzipiert, die unterschiedliche thematische Inhalte bedienen. **07** Längsschnitt **08** Querschnitt **09** Das Konzept des Innenraums geht wie selbstverständlich in den Außenraum der großzügigen Saunaterrasse über.

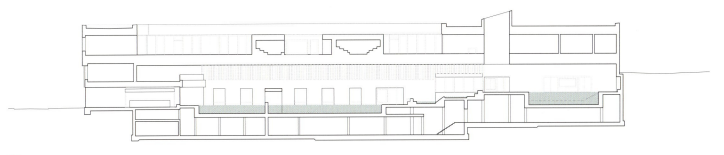

07

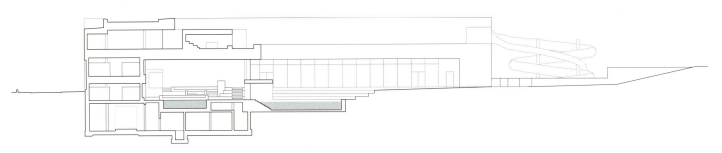

08

09

Diezinger Architekten

Ausbau der Trinitatiskirchruine Dresden zur Jugendkirche

CODE UNIQUE Architekten GmbH
2022

Architektur **CODE UNIQUE Architekten GmbH** Baujahr **2022** Fläche **1.454 m² NF** Bauherr **Ev.-Luth. Kirchenbezirk Dresden Mitte** Standort **Trinitatisplatz 1, 01307 Dresden** Tragwerksplanung **Ingenieurbüro Baustatik Bautechnik** TGA **Ingenieurbüro Dr. Scheffler & Partner GmbH** Elektroplanung **Elektroplanung Künzel** Brandschutz **Prof. Rühle, Jentzsch und Partner GmbH** Bodengutachten **GeoTechnik** Außenanlagen **Prugger Landschaftsarchitekten** Bauphysik **Ingenieurbüro für Bauklimatik** Akustik **Müller-BBM GmbH** SiGeKo **Ingenieurbüro M. Singer** Vermessung **Messbildstelle** Prüfstatik **Ingenieurbüro Volker Schietzold** Fotografie **Albrecht Voss**

Die Trinitatiskirche ist mit ihrer Silhouette prägend für die Wahrnehmung der Dresdner Johannstadt. Das 1893 errichtete, schwer beschädigte Gebäude erinnert an die Verheerungen im Zweiten Weltkrieg und stellt damit ein wichtiges historisches Zeugnis der Stadtgeschichte dar.

Der behutsame Ausbau der bestehenden Ruine zur Jugendkirche durch *CODE UNIQUE Architekten* erhält die unter Denkmalschutz stehenden Gebäudeteile der Kirche. Neue Einbauten, die Raum für die Jugendkirche schaffen, wurden sorgfältig und harmonisch in den historischen Bestand eingefügt. Den ArchitektInnen war dabei wichtig, dass die neu geschaffenen Baukörper deutlich die originale und patinierte Substanz respektieren. Die erhaltene historische Kubatur definiert somit die Hülle der neuen Jugendkirche. Die Erweiterungen sind nur sehr zurückhaltend im Erscheinungsbild der Ruine sichtbar. Einziges äußeres Element ist ein Glaskubus über der Vierung des Kirchenschiffes, der sich in die bestehenden Mauern und Bögen eingliedert. Das Zusammentreffen der modernen Kubatur des Kubus und der historischen Substanz erzeugt eine belebende Spannung. Die Verschränkung von alt und neu kommt bei abendlicher Beleuchtung besonders markant zur Geltung.

Ein neues Raumkonzept für den Innenraum der Kirche konnte die gestalterischen und funktionalen Anforderungen an den Ausbau vereinigen. Vermauerte Fensteröffnungen wurden geöffnet und neu verglast. Eine neue Sichtbetondecke auf Höhe der ursprünglichen Emporen mit einem quadratischen Glasaufbau lässt einen Raum für multifunktionale Nutzungen entstehen. Flexibel kann die Jugendkirche auf die verschiedensten Veranstaltungskonzepte reagieren, indem die Raumgröße durch Hinzuschalten oder Abtrennen der Seitenschiffe der Kirche verändert wird. Aus dem Stadtraum nicht direkt ersichtlich, erweitert ein weiterer kompakter Kubus auf der westlichen Turmseite den Bestand. Im dreigeschossigen Bauwerk werden die Büros der Geschäftsstelle der evangelischen Jugend und zusätzliche Funktionsräume angeordnet.

Mit ihrem Ausbau des über hundertjährigen Gebäudebestandes gelang *CODE UNIQUE Architekten* die Überführung der Kirchenruine in eine neue Nutzung, die gleichzeitig eine nachhaltige Zukunft des Bestandes ermöglicht.

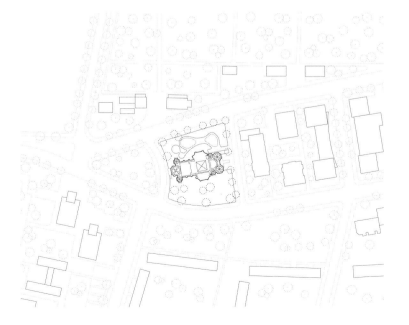

02

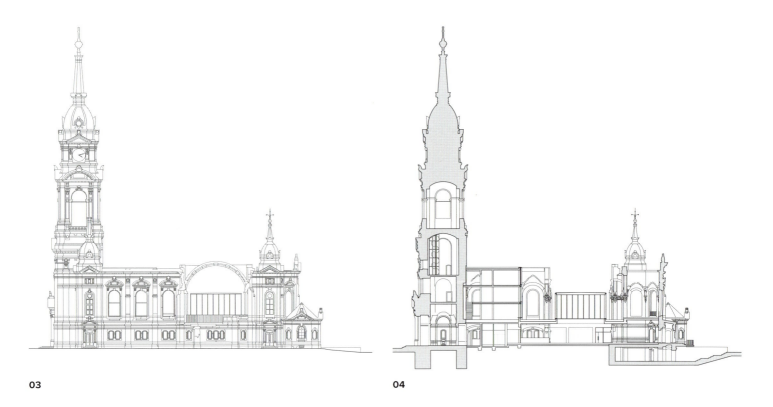

03 04

02 Nur der Glaskubus über der Vierung des Kirchenschiffes ist aus dem Stadtraum für BetrachterInnen ersichtlich. **03** Ansicht Süd **04** Längsschnitt **05** Der quadratische Einbau gliedert sich harmonisch in die bestehenden Mauern und Bögen der historischen Substanz ein. **06** Vermauerte Fensteröffnungen wurden geöffnet und neu verglast.

05

06

CODE UNIQUE Architekten GmbH

07

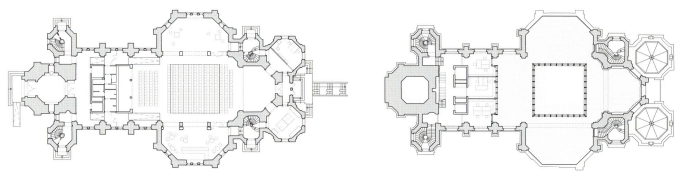

08

09

10

11

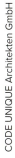

07 Auf der Höhe der ursprünglichen Emporen wurde eine neue Decke aus Sichtbeton eingezogen, auf der der hohe Glasaufsatz thront. **08** Grundriss EG
09 Grundriss 1. OG **10** Das Hinzuschalten oder Abtrennen der Seitenschiffe ermöglicht es der Jugendkirche, auf räumliche Anforderungen verschiedenster Veranstaltungskonzepte zu reagieren. **11** Bestand und Neubau bilden interessante Gefüge.

Sporthalle Brombach

Glück + Partner GmbH
2020

Architektur **Glück + Partner GmbH** Baujahr **2020** Fläche **2.800 m²** BGF Bauherr **Stadt Lörrach** Standort **Franz-Ehret-Straße 14, 79541 Lörrach** Tragwerksplanung **Ingenieurgruppe Flösser** Fassadengestaltung **Typico GmbH** Fotografie **Roland Halbe**

Die ArchitektInnen von *Glück + Partner GmbH* entwerfen mit dem Neubau der Sporthalle im Lörracher Stadtteil Brombach einen wichtigen Orientierungspunkt in der heterogenen Umgebung. Mit ihrem hohen gestalterischen Anspruch aktivieren sie die städtebauliche Entwicklung des Areals. Die 2020 fertiggestellte Sport- und Veranstaltungshalle umfasst neben dem Sportbereich auch eine Tribüne für 540 ZuschauerInnen.

Die städtebauliche Positionierung der Halle zeichnet sich durch ihre klare und qualitätsvolle Setzung in die Umgebung aus. Parallel zur Straße und nah an Gewerbe- und Lagerhallen angeordnet, ist der Baukörper in das Gelände eingegraben. Durch die Minimierung des sichtbaren Volumens fügt sich das Bauwerk maßstabsgerecht in die Umgebung ein und schafft einen harmonischen Übergang von Wohnbebauung zu Industriebauten.

Transparenz und Reflexion lassen die verglasten Außenwände der Halle entmaterialisiert erscheinen. Die hohe Dachscheibe schwebt vermeintlich über der Fläche des Platzes. Die lastabtragenden V-Stützen, welche die Grenzen des Volumens besetzen, verstärken diesen Effekt. Eine semitransparente kupferglänzende Gewebehaut umschließt die Außenflächen des Daches. Abhängig von Blickwinkel und Lichtverhältnissen wirkt die Dachscheibe aufgelöst leicht oder lastend schwer. Die Textilfassade vereint Kommunikation und Hülle. Bedruckt ist sie mit einem Sportmotiv, einer abstrakten Form des Erlebnismoments, und setzt somit einen wichtigen Orientierungspunkt.

Ein einladendes Foyer bietet den BesucherInnen beim Betreten der Sporthalle eine gute Übersicht über die Raumanordnung. Das Foyer fungiert als Vorzone der mobilen Tribüne sowie der seitlich angeordneten Küche mit Ausgabetheke. Der Sportbereich und die erforderlichen Nebenräume für den Trainingsbetrieb sind im Untergeschoss des Gebäudes angeordnet. Über zwei seitliche Treppenhäuser, die durch zwei Außentüren erreicht werden können, auch ohne das Foyer zu durchqueren, werden die Räume der Sportnutzung erschlossen. Alle Bereiche mit ZuschauerInnenverkehr liegen im Erdgeschoss und sind so unabhängig von der Sportnutzung zugänglich.

Alle konstruktiven Elemente des Hallentragwerks mit Ausnahme der erdberührten Bauteile sind aus Holz und Holzwerkstoffen gefertigt. Das Dachtragwerk setzt sich zusammen aus V-Stützen und Brettschichtholzbindern, die Dachscheibe aus einem gelochten Trapezblech mit integrierten Akustikabsorbern. Der hohe Dachrand wird von einer Unterkonstruktion aus Holzrahmenbauelementen gestützt. Die Holzoberflächen des Innenausbaus sorgen für eine angenehm warme Atmosphäre.

Die aus der Situation entwickelte Konstruktions- und Materialwahl ermöglicht eine maßgeschneiderte architektonische Lösung, in der nicht die spektakuläre Form im Vordergrund steht, sondern eine einfache, klare und nachhaltige Bauweise.

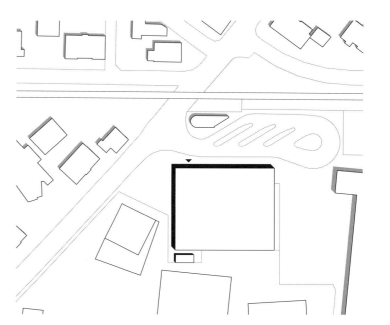

Glück + Partner GmbH

02

03

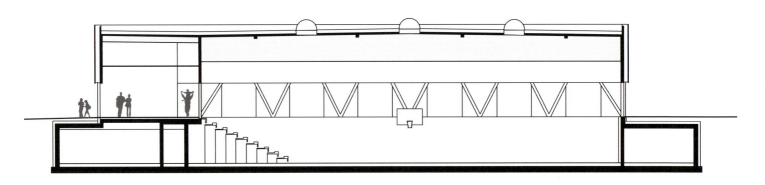
04

02 Das Eingraben des Baukörpers minimiert das sichtbare Volumen des Gebäudes. **03** Die verglasten Außenwände erzeugen Transparenz und Reflektion und lassen die Dachscheibe zusammen mit den V-Stützen scheinbar über dem Grund schweben. **04** Schnitt **05** Das großzüge Foyer verschafft den BesucherInnen einen Überblick über die Raumabfolge und dient als Vorzone der Tribüne.

06

07

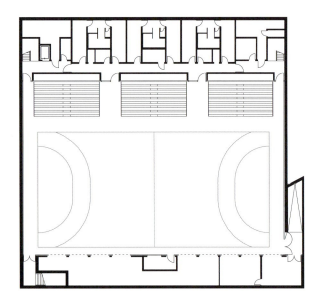

08

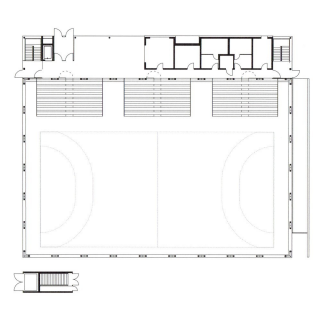

09

06+07 Im Untergeschoss sind alle zur Sportnutzung notwendigen Räume wie Umkleiden und Geräteräume untergebracht. **08** Grundriss Untergeschoss **09** Grundriss Erdgeschoss **10** Die Dachscheibe ist in perforiertem Trapezblech mit integrierten Akustikabsorbern sowie aus Holz und Holzwerkstoffen materialisiert worden. **11** Die Tribünenanlage für 540 ZuschauerInnen ist mobil geplant und wird vom Foyer im Erdgeschoss erschlossen.

10

11

Glück + Partner GmbH

Sanierung und Erweiterung Mehrzweckhalle & »Grüne Mitte« Massenbachhausen

KUBUS360; Büro Hink Landschaftsarchitektur GmbH
2018

Architektur **KUBUS360** Freianlagenplanung **Büro Hink Landschaftsarchitektur GmbH** Baujahr **2018** Fläche **1.916 m² BGF** Bauherr **Gemeinde Massenbachhausen** Standort **Heilbronner Straße 54, 74252 Massenbachhausen** Generalplaner **SpOrt concept GmbH** Tragwerksplanung **Gauger und Partner** Haustechnik **bunse GmbH** Elektroplanung **Ruven Baumgärtner elektrotechnik GmbH** Bauphysik **Gutbrod Bau Physik** Frei- und Verkehrsanlagen **Az Bau GmbH & Co.KG.** Vermessung **Vermessungsbüro Käser** Baugrund **Hydrogeologisches Büro Dr. Köhler** Schadstoffe **Institut Beer** Auszeichnung **Beispielhaftes Bauen Baden-Württemberg, AKBW 2020** Fotografie **Christina Kratzenberg; Dietmar Strauß**

Die Mehrzweckhalle befindet sich in der neu konzipierten »Grünen Mitte« der Gemeinde Massenbachhausen, westlich des Landkreises Heilbronn. Ein neuer Platz verbindet sie mit dem Rathaus und schafft so einen attraktiven Begegnungsort für BürgerInnen mit unterschiedlichen Anliegen und Interessen.

Wichtiges Leitmotiv der von *Büro Hink Landschaftsarchitektur GmbH* gestalteten Freianlagen ist Offenheit. Weitläufige Rasenflächen mit Wasser, Blumenbeeten und Solitärbäumen und -sträuchern schaffen im Ortskern einen großzügigen, parkähnlichen Charakter und betten Sport- und Kulturangebote in eine gemeinsame Grünanlage ein. Sitzmöbel ergänzen die verschiedenen Orte und geben Identität und Orientierung.

Die Mehrzweckhalle präsentiert sich nach ihrer Generalsanierung und Erweiterung durch *KUBUS360* mit einer neuen Nutzungsvielfalt durch den Erweiterungsneubau eines Foyers und den Anbau eines neuen Bühnenhauses. In Orientierung an die bestehende Halle aus den 1970er-Jahren wurden auch die Erweiterungsbauten in Sichtbetonteilen ausgeführt. Das gestalterische Thema des Sichtbetons zieht sich vom Foyeranbau über das kräftige Vordach des Haupteingangs bis in den Innenraum. Der alte Hallenkörper und das neue Bühnenhaus wurden mit farbig eloxierten Aluminiumtafeln verkleidet, was dem Gebäude eine moderne und ansprechende Ästhetik verleiht.

Eine durchgehende Glasfassade im Erdgeschoss sorgt für Transparenz und viel Tageslicht und schafft eine reizvolle Verbindung zwischen Innen- und Außenraum. Entlang der Glasfassade entsteht durch eine vorgelagerte Grünfläche abgegrenzt eine großzügige Terrasse.

Die Sanierung umfasste die Entkernung des Hallenbereichs und dessen neue Ausgestaltung. Fassade und Dach wurden komplett erneuert. Die Sanitär- und Nebenräume im südlichen Flachbau blieben erhalten und erhielten neue Oberflächen und Technik. Ein zusätzlicher separater Eingang für SportlerInnen wurde geschaffen und die Küche komplett neu ausgebaut. Im neuen Foyer-Baukörper westlich der Halle befindet sich ein als separater Kubus eingestellter Sichtbeton-Sanitärkern sowie ein flexibel abtrennbarer Mehrzweckraum für kleine Veranstaltungen und Sportgruppen. Im Osten der Halle entstand der Bühnenanbau, der als »Black Box« für Musik, Theater, Kleinkunst und Sportgruppen gleichermaßen gut geeignet ist.

Die umfangreichen Sanierungsarbeiten umfassten unter anderem eine komplette Schadstoffsanierung, diverse Tragwerks- und Betonsanierungen an den verbleibenden Bauteilen, teilweise zusätzliche Gründungsmaßnahmen, die vollständige Erneuerung der Haustechnik und Elektrotechnik sowie die vollständige energetische Ertüchtigung. Eine besondere Herausforderung stellte die Wahrung des statischen Bestandschutzes des Hallengebäudes dar.

Die Mehrzweckhalle in Massenbachhausen veranschaulicht, wie ein bestehendes Gebäude durch die Anpassung an neue Bedürfnisse von NutzerInnen zu einem lebendigen Ort der Begegnung werden kann. Zusammen mit der attraktiven Außenraumgestaltung trägt sie maßgeblich zur Lebensqualität in der Gemeinde bei.

KUBUS360; Büro Hink Landschaftsarchitektur GmbH

02

03

02 Der Eingang zur Halle ist als großzügige, mit einem Solitärbaum überstellte Platzfläche gestaltet. Gesäumt wird diese von einem Staudenbeet, das durch die »Massenbachhausener Mischung« in den Stadtfarben Rot und Gelb blüht, pflegeleicht ist und identitätsstiftend auch an anderen Orten gepflanzt werden kann. **03** Der Platz verbindet die Mehrzweckhalle und das gegenüberliegende Rathaus und schafft einen neuen, grünen Begegnungsort. Die Betonelemente, die den Platz einfassen, variieren fließend in ihrer Höhe von bodentief bis zu einer angenehmen Sitzhöhe, in der sie dann um Holzsitzmöbel ergänzt sind. **04** Freiraumkonzept **05** Alle Strukturen sind auf eine optimale Transparenz der gesamten Grünanlage ausgerichtet. Vorhandene Grünstrukturen wurden der Einsehbarkeit halber neu geordnet und ergänzt. Versteckmöglichkeiten oder tote Ecken sind nicht mehr vorgesehen. Das gesamte Ensemble wird durch großzügige Rasenflächen zusammengebunden.

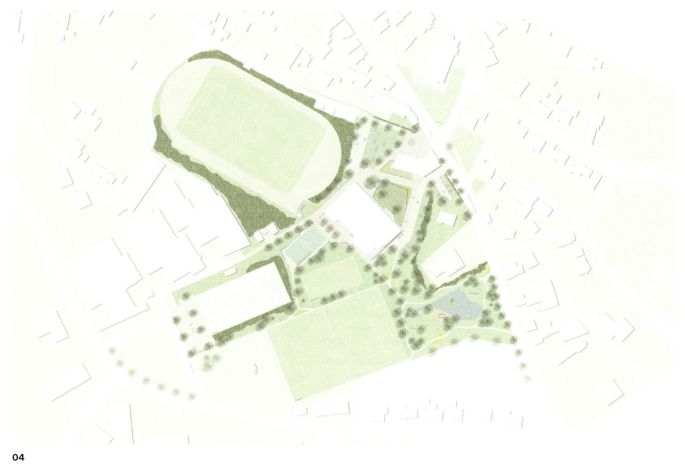

04

05

KUBUS360; Büro Hink Landschaftsarchitektur GmbH

06

06 Der neue Foyeranbau fügt sich mit der Fassade aus Sichtbeton und den einladenden, großen Fensterflächen harmonisch an den mit farbig eloxierten Aluminiumtafeln verkleideten Bestandsbau an. **07** Die über die gesamte Hallenlänge durchgehende Glasfassade sorgt – wie hier im Foyer – für Transparenz, einen hohen Tageslichtertrag und stellt eine räumliche Beziehung zwischen Innenraum und Außenanlage her. **08** Die Sanierung beinhaltet die Entkernung des Hallenbereichs – als Hauptgebäudeteil – und dessen komplett neue Ausgestaltung. Fassade und Dach wurden hier komplett erneuert. Die neuen Fassadenöffnungen erfüllen alle funktionalen Vorgaben für SportlerInnen und ZuschauerInnen.

07

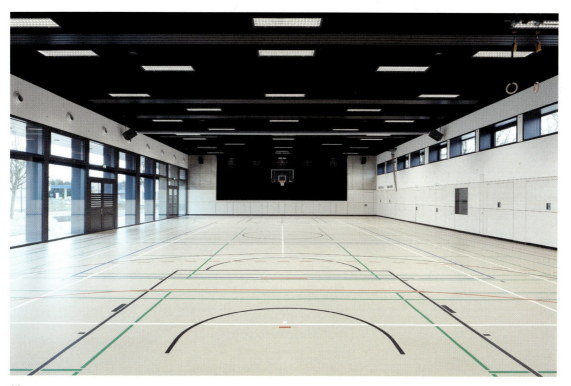

08

Ötztal Tourismus

obermoser + partner architekten

2021

Architektur **obermoser + partner architekten zt gmbh** Baujahr **2021** Fläche **1.485 m²** Bauherr **Ötztal Tourismus** Standort **Achweg 5, 6450 Sölden** Tragwerksplanung **ZSZ-Ingenieure** Haustechnik **Alp Solar Klimadesign** Elektrotechnik **Eidelpes Ingenieurbüro für Elektrotechnik** Fotografie **Christian Flatscher**

Der neue Sitz des Ötztaler Tourismusverbandes in Sölden wurde von *obermoser + partner architekten* mit einer Verknüpfung von traditioneller Konstruktion und zeitgemäßer Formsprache gestaltet. Von den Aufgaben des Verbandes inspiriert, wird der Entwurf in einem stark regionalen Bezug ausformuliert, ohne dabei an eigenständiger Identität zu verlieren.

Die Lage an der Uferpromenade entlang des Flusses Ötztaler Ache war neben dem beengten Bauplatz ein bezeichnender Einfluss auf die Konzeption des Bauwerks. Durch das Abrücken des Baukörpers von der früheren Baufluchtlinie bildet sich an der dem Fluss zugewandten Seite ein kleiner Platz. Der besondere Verlauf der Gebäudekubatur erweckt den Eindruck einer verbeugenden Geste des Baukörpers vor den BesucherInnen und lässt eine intensive Beziehung zum öffentlichen Raum entstehen. Die Pflasterung des Platzes setzt sich im öffentlich zugänglichen Erdgeschoss fort und unterstützt analog zur großformatigen Verglasung zum Platz hin die Aufhebung klarer Grenzen zwischen Innen- und Außenraum.

Nach außen erscheint das Gebäude in einer ortstypischen Fassade aus lokalen, vorgegrauten Lärchenholzschindeln, die die Beständigkeit der Fassade in ihrem Erscheinungsbild über die Jahre sicherstellen. Im Zusammenspiel mit dem dynamischen Bauvolumen erzeugt die vertraute und lokale Bauweise eine Spannung, die Aufmerksamkeit erweckt. Geschickt dimensioniert fangen die Öffnungen das sich stetig verändernde Licht bestmöglich ein und füllen den Innenraum mit Helligkeit. Die Anordnung der unterschiedlichen Öffnungen, die nicht den Geschossen folgt, verstärkt die monolithische und kompakte Erscheinung des holzverkleideten Körpers.

Der Entwurf des geräumigen Erdgeschosses als Informations- und Ausstellungsebene gibt die aufgeschlossene und zukunftsgewandte Haltung des Tourismusverbandes wieder. Hier werden Gäste wie BewohnerInnen dazu eingeladen, Anregungen über die Ötztaler Bergwelt zu sammeln. Die Obergeschosse zeichnen sich durch hohe Flexibilität aus. Zwischen der tragenden Fassadenkonstruktion und dem zentralen Betonkern mit Erschließung und Sanitärbereich sind Büros und Besprechungsräume platziert. Raumhohe Glaswände und Möbel grenzen die einzelnen Räume voneinander ab, sodass eine veränderte Raumstruktur mit nur wenig Aufwand erzielt werden kann.

Die bewusste Entscheidung für Holz als regionaler Baustoff mit kurzen Transportwegen setzt sich auch im Innenraum weiter fort. Eine Offenporigkeit der Eichenoberflächen in Böden, Deckenverkleidung und Möbel sorgt für ein angenehmes Raumklima. Durch eine originelle Verbindung von traditionellem Material und hochmodernem Baukörper erfüllt der Entwurf die Bauaufgabe vorbildlich.

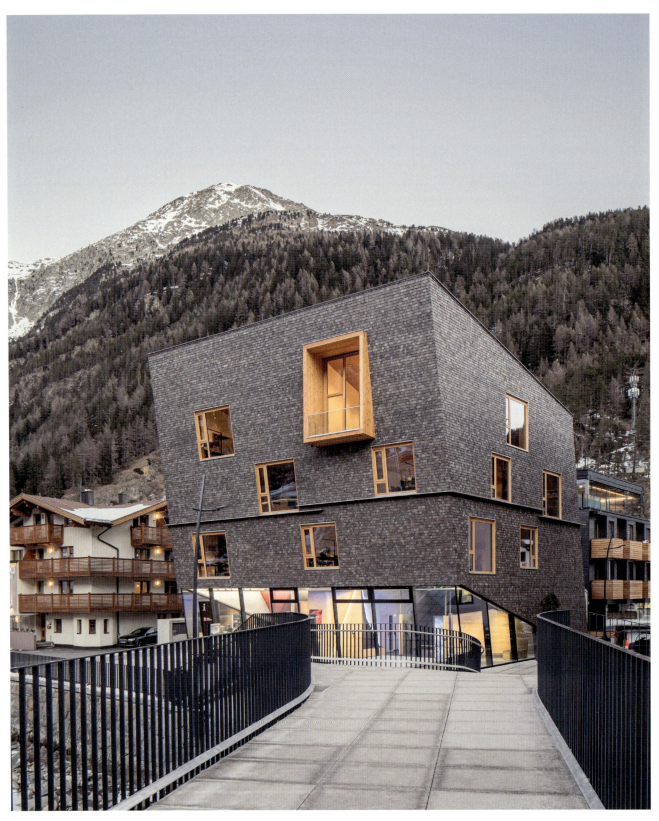

02 Monolithisch und kompakt erscheint der in lokalen Lärchenschindeln verkleidete Baukörper. Die Anordnung und Dimensionierung der Öffnungen, die dem Verlauf des Tageslichtes folgt, unterstützt diese Wirkung. **03** Schnitt: Der besondere Verlauf der Gebäudekubatur erzeugt eine starke Beziehung zum öffentlichen Platz am Fluss.

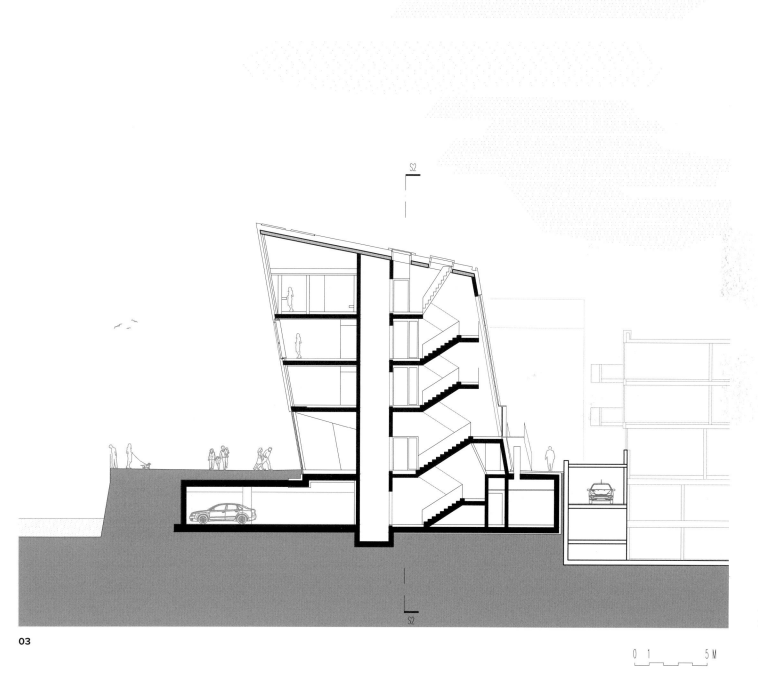
03

04

04 Die Böden, Deckenverkleidungen und Möbel aus naturgeöltem Eichenholz sorgen für ein angenehmes Raumklima. **05** Raumhohe Glaswände und Möbel grenzen die Räume des Büros voneinander ab, sodass die Raumabfolge mit nur wenig Aufwand umstrukturiert werden kann. **06** Der Erschließungs- und Sanitärkern im Zentrum der Geschosse ist aus Beton gefertigt.

05

06

obermoser + partner architekten

Gemeindezentrum Evangelische Kirchengemeinde Düsseldorf-Mitte

thelenarchitekten

Baujahr 1930 Umbau, Sanierung & Erweiterung 2019

Architektur Umbau, Sanierung & Erweiterung **thelenarchitekten** Baujahr **2019** Fläche **3.700 m²** Bauherr **Evangelische Kirchengemeinde Düsseldorf-Mitte** Standort **Collenbachstraße 10, 40476 Düsseldorf** Tragwerksplanung+Brandschutz **Kempen Krause Ingenieure GmbH** Haustechnik **Dipl.-Ing. Rolf Schroers-Canzler** Elektrotechnik **Ingenieurbüro Krefft GbR** Auszeichnungen **Eingeladener Wettbewerb – 1. Preis; Evangelische Kirche im Rheinland Architekturpreis 2018 – Engere Wahl** Fotografie **Andreas Wiese**

Das an der Collenbachstraße gelegene »Gemeindezentrum der Evangelischen Kirchengemeinde Düsseldorf-Mitte« präsentiert sich als Teil eines denkmalgeschützten Ensembles, das sich harmonisch mit dem öffentlichen Stadtraum verbindet. Die signifikante Präsenz des Gebäudes zeigt sich zum neugestalteten Vorplatz hin, der mit Sitzgelegenheiten, Bäumen und Beleuchtungen eine hohe, einladende Aufenthaltsqualität schafft. Zusammen mit dem frei zugänglichen Innenhof entstehen neue Möglichkeiten für Gemeindeveranstaltungen. Taktile und kontrastreiche Leitelemente ermöglichen hier auch Menschen mit Sehbehinderung eine sichere und selbstständige Nutzung dieses öffentlichen Raumes.

Mit der Leitidee »Gemeindearbeit sichtbar machen« plante das Düsseldorfer Architekturbüro *thelenarchitekten* den Umbau, die Sanierung und Erweiterung des bestehenden Bauwerkes sowie die Neugestaltung von Vorplatz und Innenhof. Zentraler Bestandteil des Vorhabens war die Erschließung des Gebäudes durch eine neue, transparente und offen gestaltete Eingangssituation. Das vorgelagerte, neue Bauwerk ergänzt die in der Höherentwicklung gestaffelte Bautypologie des Gemeindezentrums. Durch eine transparente Glasfassade bleibt die denkmalgeschützte Bausubstanz des zweigeschossigen bestehenden Gebäudes aus dem Jahr 1930 sichtbar.

Die moderne Natursteinfassade aus Heilbronner Sandstein verweist auf die Materialität der 1910 erbauten neoromanischen Kreuzkirche und bildet einen bewussten Kontrast zu den weiß geschlämmten Putzfassaden des Gemeindezentrums. In den denkmalgeschützten Fassaden wurden die historischen Fensterteilungen rekonstruiert. Die Verlängerung des Seitenfoyers im ersten und zweiten Obergeschoss zur Collenbachstraße hin sorgt für eine natürliche Belichtung, die den Räumen eine angenehme Atmosphäre verleiht.

Der neue Haupteingang mit barrierefreiem Zugang zu allen Ebenen sorgt für kurze Wege und sinnfällige Zuordnungen, die eine multifunktionale Nutzungsvielfalt bieten. Im Gebäudeinneren konnte vieles erhalten werden. So wurde der sandsteinfarbene Natursteinbelag restauriert, das Treppengeländer aus Stahl über drei Geschosse hinweg aufgefrischt und die denkmalgeschützten Wand- und Hängeleuchten aus Messing in den Fluren und im großen Collenbachsaal sorgfältig aufgearbeitet. Auch die großen Flügeltüren zum Saal, deren historisches Blau unter etlichen Farbanstrichen versteckt war, konnten in ihren ursprünglichen Zustand versetzt werden.

Im Hofgebäude befinden sich Jugend- und Familienzentrum mit Kita, welche ebenfalls umgebaut und saniert wurden. Eine neue Balkon-/Stahltreppenanlage zum rückwertigen Spielhof gewährleistet nun den erforderlichen zweiten baulichen Rettungsweg für die Räume der Kita in den Obergeschossen, wo auch die Sanitärbereiche den aktuellen Anforderungen angepasst wurden. Ein neues Brandschutzkonzept berücksichtigt das gesamte Gebäude und schließt Kellergeschoss sowie Dachboden mit einer flächendeckenden Brandmeldeanlage ein.

Insgesamt präsentiert sich das Gemeindezentrum der Evangelischen Kirchengemeinde Düsseldorf-Mitte als ein gelungenes Beispiel für die Verbindung von historischer Bausubstanz und modernen Anforderungen an Funktionalität und Barrierefreiheit. Die sorgfältige Sanierung und Erweiterung des Gebäudes trägt dazu bei, die Gemeindearbeit sichtbar zu machen und den öffentlichen Raum für alle Menschen attraktiv und zugänglich zu gestalten.

thelenarchitekten

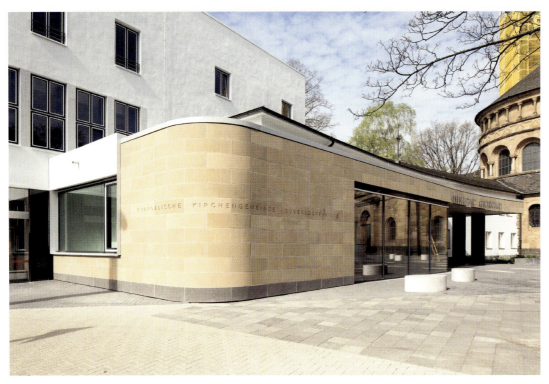

02

03

02 Die moderne Natursteinfassade des neuen Eingangsbereichs setzt sich bewusst von der Gestaltung des Gemeindezentrums ab und stellt einen Bezug zum neoromanischen Kirchengebäude im Hintergrund her. **03** Im Erdgeschoss wurden zwei Fenster des denkmalgeschützten Bestandsgebäudes aus den 1930er-Jahren zu Fenstertüren umgebaut, die einen direkten Ausgang zum Innenhof bieten. **04** Die Treppenhausverglasung vermittelt Offenheit und Transparenz.

04

05

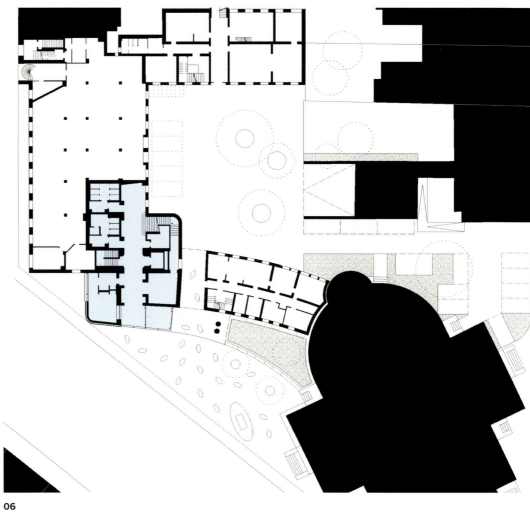
06

07

08

05 In den Foyerzonen wurde der bestehende sandsteinfarbene Natursteinbelag restauriert und in Teilbereichen ergänzt. **06** Grundriss EG **07+08** Im Collenbachsaal wurden die denkmalgeschützten Wand- und Hängeleuchten aus Messing gründlich gereinigt und aufpoliert. Auch die großen historischen Flügeltüren, deren Farbton unter etlichen Anstrichen verborgen war, wurden in ihren ursprünglichen Zustand versetzt.

Mensa und Mediathek des Berufsschulzentrums Nord Darmstadt

wulf architekten

2021

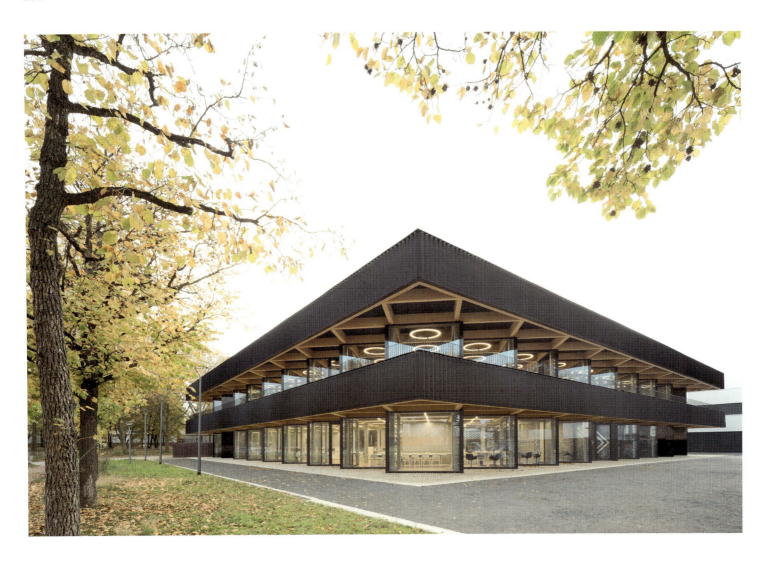

Architektur **wulf architekten gmbh** Baujahr **2021** Fläche **3.531 m² BGF** Bauherr **Wissenschaftsstadt Darmstadt c/o Projektmanagement Darmstädter Stadtentwicklungs GmbH & Co. KG** Standort **Alsfelderstraße 23, 64289 Darmstadt** Bauleitung **schneider+schumacher** Tragwerksplanung **wh-p GmbH Beratende Ingenieure** Landschaftsplanung **Jetter Landschaftsarchitekten** Bauphysik **Brüssau Bauphysik GmbH** Auszeichnungen **best architects 23 award; Staatspreis für Architektur und Städtebau Hessen** Fotografie **Brigida González**

Mit dem Neubau der Mensa und Mediathek in Darmstadt schaffen die ArchitektInnen von *wulf architekten* einen Ort der Identifikation in direkter Nähe des Berufsschulzentrums und gestalten die Eingangssituation zum Campus aus. Am Rande des angrenzenden Bürgerparks Darmstadts gelegen bildet das freistehende Bauwerk zusammen mit dem ebenfalls von *wulf architekten* neu strukturierten Berufsschulzentrum Nord einen gemeinsamen Vorplatz aus. Zwei umlaufende Bänder aus perforiertem schwarzem Faltblech strukturieren das Bauwerk horizontal. Die sich dazwischen aufspannende Verglasung an mehreren Seiten und das prägnante Holztragwerk lassen die Mensa offen und filigran erscheinen.

Eine Cafeteria mit Terrasse, die Mediathek sowie Seminar- und Büroräume der Volkshochschule sind im Erdgeschoss angeordnet. Im Zentrum des Hauses wird mit der skulpturalen geschwungenen Treppe eine erfahrbare Antithese zur deutlichen Geometrie der Umgebung herausgearbeitet. Die Treppe führt zur Mensa im Obergeschoss, die mit Essensausgabe und Speisesaal Platz für rund 300 Gäste bietet. Der charakteristische Raumeindruck entsteht durch das Rost des Tragwerks. Brettschichtholzträger, die in einem quadratischen drei mal drei Raster arrangiert worden sind, bestimmen das Grundmodul des strukturalistischen Gesamtkonzepts. Eine Zuweisung von Sitzgelegenheiten – einem Tisch und sechs Stühlen – zu einem Grundmodul grenzt zahlreiche kommunikative Bereiche vom übrigen Raum ab und lässt einen Esszimmercharakter entstehen. Hochwertig materialisiert in Holz, Sichtbeton, Glas und metallischen Oberflächen erzeugt der Innenraum eine angenehme Atmosphäre.

Umlaufende Balkone ermöglichen das Sitzen im Freien mit einem Ausblick auf den Campus und den angrenzenden Bürgerpark. Eingegrenzt von der gefalteten Glasfassade ergeben sich geschützte innen- und außenliegende Sitznischen. Der auffällig gezackte Umriss entspringt aus der Grundrissgeometrie. Sie basiert auf einem Gesamtkonzept mit quadratischem Grundraster von drei auf drei Metern und ist gegenüber den Gebäudekanten um 45 Grad gedreht.

Der Neubau der Mensa und Mediathek in Darmstadt beeindruckt durch ein Gesamtkonzept, dessen konsequente Geometrien Grundriss und Raumeindruck formen und einen einladenden Ort des Austauschs schaffen.

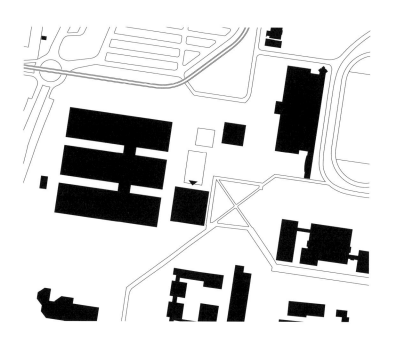

02

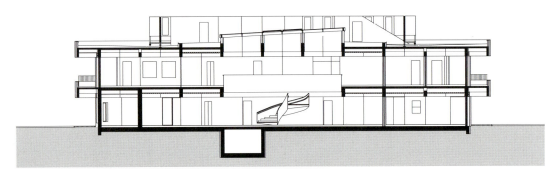

03

02 Die identitätsstiftend gefaltete Fassade der Mensa und Mediathek wird durch eine Drehung um 45 Grad des orthogonalen Grundrasters zu den Gebäudekanten erzeugt. **03** Schnitt **04** Eine skulptural geschwungene Treppe sitzt im Zentrum der Mensa und führt zu der im ersten Obergeschoss liegenden Mensa mit Essensausgabe und Speisesaal. **05** Eine Zuweisung jeder Sitzgelegenheit zu einem Grundmodul des strukturalistischen Entwurfs, eine Anordnung der Brettschichtträger auf drei mal drei Metern, grenzt kommunikative Bereiche vom übrigen Raum ab.

04

05

wulf architekten

06

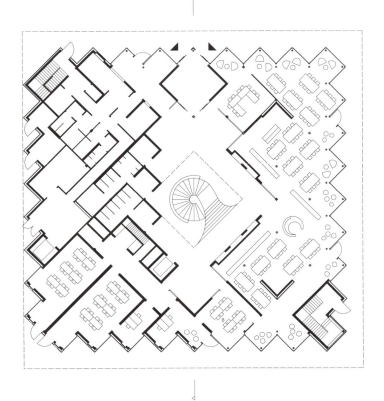
07

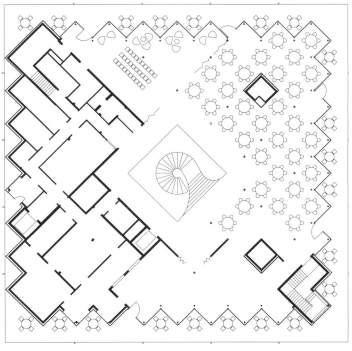
08

09

06 Hochwertig und angenehm wirkt die Atmosphäre durch die Materialisierung in Holz, Sichtbeton sowie metallischen Flächen im Innenraum. **07** Grundriss EG
08 Grundriss 1. OG **09** In den Winkeln der gefalteten Fassade ergeben sich im Innen- wie im Außenbereich des Speisesaals Sitzecken.

Index

aichner kazzer architekten PartGmbB
Landratsamt Garmisch-Partenkirchen | Seite 056

Schillerstraße 40 c
80336 München
Deutschland
Tel.: +49 89 309053970
buero@aichner-kazzer.de
https://www.aichner-kazzer.de

Fotografie: Henning Koepke (01-03, 07+08), Stefan Müller-Naumann (04, 09+10)

Albert Wimmer ZT-GmbH
KLINIK FLORIDSDORF | Seite 112

Flachgasse 53
1150 Wien
Österreich
Tel.: +43 1 982 3000
office@awimmer.at
https://www.awimmer.at

Fotografie: Rupert Steiner (01+02); Hubert Dimko (05); Albert Wimmer ZT-GmbH (07-09); Gebhart de Koekkoek (04) + Seite 110

a|sh sander.hofrichter architekten GmbH
Alexius / Josef Krankenhaus Neuss – Zentrum für Seelische Gesundheit | Seite 136

Wredestraße 35
67059 Ludwigshafen/Rhein
Deutschland
Tel.: +49 621 58632 0
info@a-sh.de
https://www.a-sh.de

Fotografie: Felix Meyer + Seite 008

Auer Weber Architekten BDA
Erweiterung des Landratsamt Starnberg | Seite 074
Inselhalle Lindau | Seite 216

Sandstraße 33
80335 München
Deutschland
Tel.: +49 89 381617 0
muenchen@auer-weber.de
https://www.auer-weber.de

Fotografie: Aldo Amoretti

Baumschlager Hutter Partners
Falginjochbahn | Seite 062

Steinebach 18
6850 Dornbirn
Österreich
Tel.: +43 5572 890121
office@bhp-dornbirn.com
https://baumschlagerhutter.com

Fotografie: Albrecht Imanuel Schnabel

Beer Bembé Dellinger Architekten und Stadtplaner GmbH
Erweiterung Landratsamt Tuttlingen | Seite 026

Hauptstraße 18
86926 Greifenberg
Deutschland
Tel.: +49 8192 99 730 0
info@bbdarch.de
https://www.bbdarch.de

Fotografie: Stefan Müller-Naumann + Titelbild + Seite 012

Berger+Parkkinen Architekten ZT GmbH
PARACELSUS BAD & KURHAUS | Seite 222

Schönbrunner Straße 213-215
1120 Wien
Österreich
Tel.: +43 1 581 49 35
info@berger-parkkinen.com
https://berger-parkkinen.com

Fotografie: Christian Richters

BGF + Architekten
Polizeirevier Schwäbisch Hall | Seite 124

Adolfsallee 27-29
65185 Wiesbaden
Deutschland
Tel.: +49 611 30877 0
info@bgf-plus.de
https://www.bgf-plus.de

Fotografie: Dietmar Strauß (01+02, 04+05); Thomas Ott (03, 06-08)

Blasch Architekten Regensburg
Dipl. Ing. Univ. Architekt Manfred Blasch BDA
Rathaus Sinzing | Seite 086

Weitoldstraße 7a
93047 Regensburg
Deutschland
Tel.: +49 941 59 58 00
mail@blasch-architekten.de
https://www.blasch-architekten.de

Fotografie: Manfred Blasch (04, 07 re. + li., 08); Stefan Hanke (01-03, 06+07 Mitte)

Büro Hink Landschaftsarchitektur GmbH
Sanierung und Erweiterung Mehrzweckhalle & »Grüne Mitte« Massenbachhausen | Seite 264

Schloss Massenbach
Massenbachhauser Straße 62
74193 Schwaigern
Deutschland
Tel.: +49 7138 94121 0
info@buerohink.de
https://www.buerohink.de

Fotografie: Christina Kratzenberg (01-03, 05); Dietmar Strauß (06-08)

Büro Legiehn Architektur GmbH
Diakonie-Hospiz Woltersdorf | Seite 196

Menzelstraße 12a
14467 Potsdam
Deutschland
Tel.: +49 331 27 97 57 30
legiehn@buerolegiehn.de
https://buerolegiehn.de

Fotografie: Edgar Zippel

CODE UNIQUE Architekten GmbH
Ausbau der Trinitatiskirchruine Dresden zur Jugendkirche | Seite 252

Katharinenstraße 5
01099 Dresden
Deutschland
Tel.: +49 351 850 743 0
contact@codeunique.de
https://www.codeunique.de

Fotografie: Albrecht Voss + Seite 009

D'Inka Scheible Hoffmann Lewald Architekten Partnerschaft mbB
Jugendhaus Murr | Seite 240

Leuschnerstraße 58/1
70176 Stuttgart
Deutschland
Tel.: +49 711 258 59 95 0
info@dishl.de
https://www.dishl.de

Fotografie: Roland Halbe

Diezinger Architekten GmbH
Schlossbad Neumarkt i. d. Opf. | Seite 246

Rathausplatz 3
93047 Regensburg
Deutschland
Tel.: +49 941 4639420
info@diezingerarchitekten.de
https://www.diezingerarchitekten.de

Fotografie: Stefan Müller-Naumann

DIN A4 Architektur ZT GmbH
Dorfzentrum Münster | Seite 068

Museumstraße 23
6020 Innsbruck
Österreich
Tel.: +43 512 560563 0
architekten@din-a4.at
https://www.din-a4.at

Fotografie: Dr. Christian Hohlrieder

Gaus Architekten
Feuerwache & Polizeiposten in Göppingen-Jebenhausen | Seite 154
Feuerwehrhaus in Bad Boll | Seite 202
Feuerwehrhaus in Tübingen-Lustnau | Seite 184

Stuttgarter Straße 50
73033 Göppingen
Deutschland
Tel.: +49 7161 40231 0
info@gaus-architekten.de
https://www.gaus-architekten.de

Fotografie »Feuerwache & Polizeiposten in Göppingen-Jebenhausen« und »Feuerwehrhaus in Bad Boll«: MRP/Studio Michael Renner

Fotografie »Feuerwehrhaus in Tübingen-Lustnau«: Oliver Rieger

Giuliani Hönger Architekten ETH BSA SIA
Bahnhof und Ankunftshalle St. Gallen | Seite 020

Kanzleistrasse 57
8004 Zürich
Schweiz
Tel.: +41 43 243 41 00
info@giulianihoenger.ch
https://www.giulianihoenger.ch

Fotografie: David Willen (01, 06+07); Katalin Deér (02+03)

Glück + Partner GmbH Freie Architekten BDA
Sporthalle Brombach | Seite 258

Augustenstraße 87
70197 Stuttgart
Deutschland
Tel.: +49 711 6994673 0
mail@glueck-partner.de
https://www.glueck-partner.com

Fotografie: Roland Halbe

HAYNER SALGERT ARCHITEKTEN
Forstbetriebshof Curtius Duisburg Stadtwald | Seite 148

Rosenstraße 49
40479 Düsseldorf
Deutschland
Tel.: +49 211 54 57 12 70
mail@haynersalgert-architekten.de
https://www.haynersalgert-architekten.de

Fotografie: Frank Böttner

Heike Schlauch raumhochrosen Architekturerzeugnisse
Feuerwehr Hohenweiler | Seite 130

Althofenweg 6
6911 Lochau
Österreich
Tel.: +43 5574 22 505
office@raumhochrosen.com
http://www.heikeschlauch.com

Fotografie: Albrecht Imanuel Schnabel

HK Architekten, Hermann Kaufmann + Partner ZT GmbH
B&O Holzparkhaus, Bad Aibling | Seite 32

Sportplatzweg 5
6858 Schwarzach
Österreich
Tel.: +43 5572 58174
office@hermann-kaufmann.at
https://www.hkarchitekten.at

Fotografie: Sebastian Schels (01-04, 07, 09); Roland Wehinger (08)

huber staudt architekten bda Gesellschaft von Architekten mbH
Wichernkrankenhaus im Ev. Johannesstift | Seite 166

Keithstraße 2-4
10787 Berlin
Deutschland
Tel.: +49 30 88 00 10 80
info@huberstaudtarchitekten.de
https://www.huberstaudtarchitekten.de

Fotografie: Werner Huthmacher Photography

JSWD Architekten GmbH & Co. KG
Haupt- und Busbahnhof Wuppertal | Seite 080

Maternusplatz 11
50996 Köln
Deutschland
Tel.: +49 221 9355 50 0
info@jswd.de
https://www.jswd-architekten.de

Fotografie: Axel Hartmann (01-03); Christa Lachenmaier (04-06)

kister scheithauer gross architekten und stadtplaner GmbH
Justizzentrum Leipzig | Seite 038

Agrippinawerft 18
50678 Köln
Deutschland
Tel.: +49 221 9216430
koeln@ksg-architekten.de
https://www.ksg-architekten.info

Fotografie: HGEsch

Knoche Architekten Partnerschaftsgesellschaft mbB
Bibliothek Hochschule in Nürtingen | Seite 228

Holbeinstraße 29
04229 Leipzig
Deutschland
Tel.: +49 341 870 99 08 0
info@knoche-architekten.de
https://knoche-architekten.de

Fotografie: Roland Halbe

KÖLLING ARCHITEKTEN BDA Part GmbB
Feuer- und Rettungswache 21 | Seite 190

Parkstraße 2
61118 Bad Vilbel
Deutschland
Tel.: +49 6101 2008
office@koellingarchitekten.com
https://www.koellingarchitekten.com

Fotografie: Christoph Kraneburg + Seite 007

KUBUS360 GmbH
Sanierung und Erweiterung Mehrzweckhalle und »Grüne Mitte« Massenbachhausen | Seite 264

Vogelrainstraße 25
70199 Stuttgart
Deutschland
Tel.: +49 711 66 48 15 0
mail@kubus360.de
https://kubus360.de

Fotografie: Christina Kratzenberg (01-03, 05); Dietmar Strauß (06-08)

Kuchenreuther Architekten / Stadtplaner
HAMMERscheune Niederlamitz, Kirchenlamitz | Seite 234

Markt 12-14
95615 Marktredwitz
Deutschland
Tel.: +49 9231 87 99 97
mail@kuchenreuther-architekt.de
https://www.kuchenreuther-architekt.de

Fotografie: FEIGFOTODESIGN, Selb

MAK architecture
Marcia Akermann und Mirko Akermann Arch. ETH SIA
Fernheizwerk Orbe | Seite 178
Kulturzentrum Morges | Seite 210

Ankerstrasse 53
8004 Zürich
Schweiz
Tel.: +41 44 578 13 81
info@mak-ar.ch
https://www.mak-ar.ch

Fotografie »Fernheizwerk Orbe«: Rasmus Norlander + Seite 011

Fotografie »Kulturzentrum Morges«: Rasmus Norlander (02+03, 06+07), Olivier Di Giambattista (01) + Seite 208

MEGATABS architekten ZT GmbH
Rathaus Oberndorf | Seite 092

Schottenfeldgasse 72/2/3
1070 Wien
Österreich
Tel.: +43 1 890 35 75
office@megatabs.com
https://megatabs.com

Fotografie: Hertha Hurnaus

Menzi Bürgler Kuithan Architekten AG
Erneuerung Westflügel Bahnhof Basel SBB | Seite 104

Grubenstrasse 9
8045 Zürich
Schweiz
Tel.: +41 44 482 70 40
info@mbka.ch
https://mbka.ch

Fotografie: Caspar Martig (01, 04, 06-08); Yohan Zerdoun (03)

mohr niklas architekten ZT GmbH
Bahnhof Neulengbach | Seite 044

Maria-Lassnig-Straße 33/2/13
1100 Wien
Österreich
Tel.: +43 1 2367068 0
office@mohr-niklas.at
https://www.mohr-niklas.at

Fotografie: David Schreyer

NMPB Architekten ZT GmbH
BÜRGERZENTRUM BÖHEIMKIRCHEN | Seite 098

Getreidemarkt 11
1060 Wien
Österreich
Tel.: +43 1 587 37 42
office@nmpb.at
https://www.nmpb.at

Fotografie: Hertha Hurnaus + Seite 010

obermoser + partner architekten zt gmbh
Ötztal Tourismus | Seite 270

Herzog-Otto-Straße 8
6020 Innsbruck
Österreich
Tel.: +43 512 52050
office@omoarchitekten.at
https://omoarchitekten.at

Fotografie: Christian Flatscher

Patrick Roost Planung Architektur GmbH
Erneuerung Westflügel Bahnhof Basel SBB | Seite 104

Wasserwerkgasse 5
3011 Bern
Schweiz
Tel.: +41 31 961 07 78
mail@prpa.ch
https://prpa.ch

Fotografie: Caspar Martig (01, 04, 06-08); Yohan Zerdoun (03)

PENZEL VALIER AG
Kriminalabteilung Stadtpolizei Zürich | Seite 160

Grubenstrasse 40
8045 Zürich
Schweiz
Tel.: +41 43 277 4010
mail@penzelvalier.ch
https://penzelvalier.ch

Fotografie: Bruno Augsburger

Schnabel Architekten GmbH
Feuerwehrhaus Zandt | Seite 142

Marktstraße 35
93444 Bad Kötzting
Deutschland
Tel.: +49 9941 94 43 0
info@schnabel-partner.de
https://schnabel-partner.de

Fotografie: Schnabel + Partner, Philipp Hastreiter

Schwinde Architekten Partnerschaft
Landratsamt Garmisch-Partenkirchen | Seite 056

Josef-Schwarz-Weg 11
81479 München
Deutschland
Tel.: +49 89 539 0 649 10
office@schwinde.net
https://www.schwinde.net

Fotografie: Henning Koepke (01-03, 07+08), Stefan Müller-Naumann (04, 09+10)

thelenarchitekten GbR
Feuerwehrhaus Kaarst-Büttgen | Seite 172
Gemeindezentrum Evangelische Kirchengemeinde Düsseldorf-Mitte | Seite 276

Rosenstraße 44
40479 Düsseldorf
Deutschland
Tel.: +49 211 498 400 00
kontakt@thelenarchitekten.de
https://thelenarchitekten.de

Fotografie: Andreas Wiese

Thomas Müller Ivan Reimann Gesellschaft von Architekten mbH
Bundesministerium des Innern und für Heimat | Seite 014
Prozessgebäude für das Oberlandesgericht Stuttgart-Stammheim | Seite 050

Kurfürstendamm 178
10707 Berlin
Deutschland
Tel.: +49 30 34 80 61 0
architekten@mueller-reimann.de
https://mueller-reimann.de

Fotografie »Bundesministerium des Innern und für Heimat«: Stefan Müller

Fotografie »Prozessgebäude für das Oberlandesgericht Stuttgart-Stammheim«: Stefan Müller (02-07), Oliver Rieger (01)

wulf architekten gmbh
C2C Feuerwehrhaus Straubenhardt | Seite 118
Mensa und Mediathek des Berufsschulzentrums Nord | Seite 282

Breitscheidstraße 8
70174 Stuttgart
Deutschland
Tel.: +49 711 248 917 0
info@wulfarchitekten.com
https://www.wulfarchitekten.com

Fotografie: Brigida González